Sax-Führer

Wanderungen in der Parthenaue

Lutz Heydick
Bernd Hoffmann

Mit Fotografien
von Werner Fiedler

Sax-Verlag Beucha

Herausgegeben in Zusammenarbeit mit dem Zweckverband Parthenaue, Taucha

Umschlagfotos - Vorderseite:
 Blauer Engel, Relief vom alten Freihof in Panitzsch
 Parthe bei Sehlis
 innen: Parthen-Hochwasser bei Thekla
Rückseite: Winterliche Parthe in der Theklaer Flur
 innen: Wiese in der Parthenaue bei Plaußig

Die Deutsche Bibliothek - CIP-Einheitsaufnahme

Heydick, Lutz:
Wanderungen in der Parthenaue / Lutz Heydick ;
Bernd Hoffmann. Mit Fotogr. von Werner Fiedler.
[Hrsg. in Zusammenarbeit mit dem Zweckverband
Parthenaue, Taucha. Kartogr.: Karl-Heinz Barnekow].
- 1. Aufl. - Beucha : Sax-Verlag., 1994
 (Sax-Führer)
 ISBN 3-930076-05-5
NE. Hoffmann, Bernd:; Fiedler, Werner [Ill.]

ISBN 3-930076-05-5

1. Auflage 1994   Alle Rechte vorbehalten
© Sax-Verlag Beucha, 1994
Kartographie: Karl-Heinz Barnekow, Leipzig
Gestaltung: Dietmar Senf, Leipzig
Herstellung: Messedruck Leipzig GmbH
Printed in Germany

Inhalt

Wanderungen in der Parthenaue

Den Großstädtern ist es spätestens seit der Jahrhundertwende eine der liebsten Sonntagstouren gewesen, die Parthe aufwärts bis Portitz-Plaußig-Taucha. Der Flußlauf mit seinen Auewiesen und -gehölzen wie die Ausflugsgasthöfe in den Thekladörfern waren lohnende Ziele. Der Kartograph dieses Bändchens erinnert sich noch, als Schuljunge auf Klassenfahrten in den 20er Jahren im Parthenwasser vergnüglich gewandert zu sein, gelegentlich auch die vielen Mäander der Parthe geradewegs durchschritten zu haben.

Wer einmal die nebenstehende Topographische Karte von 1892 (Ausschnitt) näher betrachtet, kann sich das jahrhundertealte Bild der Parthenaue noch vergegenwärtigen: mit den unzähligen Flußschlingen und -verzweigungen, den anrainenden Siedlungen auf beiden Ufern, kaum 2 km voneinander entfernt. Vor allem im Leipziger Stadtgebiet, etwa in Schönefeld und Mockau, werden hier letztmals die historischen Siedlungsstrukturen faßbar. Eindrucksvoll auch der Siedelkomplex der drei Thekladörfer auf engstem Raum um den Parthenbogen.

In „Der Leipziger. Illustrierte Wochenschrift für Leipzig und seine Umgebung" hieß es 1915: *„Thekla mit seinen schmucken Häusern und den wohlgepflegten Vorgärten macht einen überaus freundlichen Eindruck. Malerisch ist der Anblick der Hauptstraße mit der im Hintergrund auf der Anhöhe liegenden alten Kirche. Der Theklaer Gasthof ist durch seine schöne Lage, durch seinen prächtigen Garten und die Obstweinschänke allgemein beliebt."*

In den 20er/30er Jahren rückten die Parthendörfer dann durch Eingemeindung und Straßenbahnanschlüsse noch enger in den Leipziger Gesichtskreis. Erfahren wir, was aus all dem geworden und heute noch erlebbar ist. Nehmen wir das Angebot des Parthenwanderweges mit der Auenlandschaft bis nach Borsdorf-Zweenfurth und dem bewegten Terrain der Tauchaer Endmoräne bis zu Tresenwald, Lübschützer Teichen und Machern dankbar an!

Section Leipzig.

Section Seehausen (№ 2.)

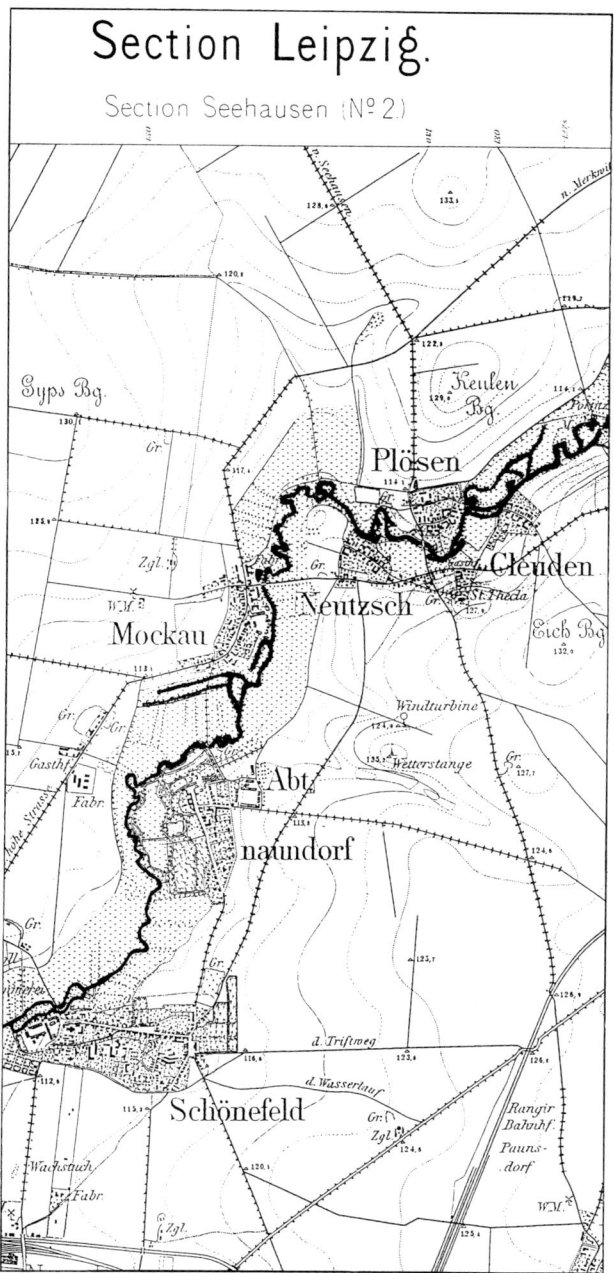

Lebensraum Parthenaue

Der Leipziger Raum ist als jahrtausendealte Kulturlandschaft relativ arm an naturnahen Gebieten. Das unter-
streicht die Bedeutung noch vorhandener Landschaften,
wie sie sich in der Elster-Luppen-Aue, aber auch in der
Parthenaue nordöstlich von Leipzig zeigen. Die Parthe
legt einen 60 km langen Weg von der Quelle bei Glasten
im Colditzer Forst bis zur Einmündung in die Elster nördlich des Leipziger Rosentals zurück. Über sie hieß es 1927
im „Tauchaer Heimatblatt" nicht ohne Stolz: *„Es ist das
einzige größere Gewässer, das ausschließlich dem geo-
graphischen Raum der Leipziger Tieflandsbucht angehört
... Zwischen Großbardau und Grethen kommt die Parthe
der Mulde am nächsten; nur 2 km Land trennen beide
Wasserläufe voneinander. Hier ist die Stelle, wo die Parthe
in ein Urstromtal eintritt, das sie bis zu ihrer Mündung
nicht wieder verläßt, das Tal der eiszeitlichen Mulde, die
kurz vor Grimma in zwei Armen direkt nach Westen abfloß
und bei Leipzig dem Verlaufe der Elster-Luppe folgend
sich weiter westwärts mit der Saale vereinigte. Reste dieses mehrtausendjährigen Flußsystems besitzen wir heute
noch, denn die meisten der an der Parthe gelegenen Orte
bekommen ihr Trinkwasser nicht aus dem Parthengrund-
wasser, sondern aus dem diesem unterlagertem, durch
eine undurchlässige Lehm- und Tonschicht getrennten
Muldentriebsand dieses Urstromtales."*
Trotz ihrer nur noch teilweise erhaltenen Flußaue stellt die
Parthe einen wertvollen natürlichen Rückzugsraum, der
auch für die Naherholung wichtig ist, und eine notwendi-
ge Frischluftschneise für das Leipziger Stadtgebiet dar.
Dem trug die Unterschutzstellung dieses Raumes als
Landschaftsschutzgebiet Parthenaue - Machern bzw.
als LSG Parthenaue weitgehend Rechnung.
Das heutige Bild der Parthenlandschaft ist ein Resultat
naturräumlicher und anthropogener Gestaltungsprozesse.
Ihre Wald-Wiesen-Feldflur mit Talauen und Endmoränen-
hügeln ist im mittleren Pleistozän vorgeprägt worden.

Während der Saalekaltzeit (vor 330 000 Jahren) wurden an der Basis der mächtigen Gletscherkörper die Saalegrundmoräne abgesetzt und die großen ebenen Plattenstrukturen um Schönefeld und Mockau ausgeformt. Etwa auf der Linie Taucha-Thekla kam der Gletscherkörper zeitweilig zum Stillstand, und an seiner Vorderfront wurden durch Abtauprozesse glaziale Sande und Kiese sedimentiert. In Eisrandlage entstand die Kuppenlandschaft der **Tauchaer Endmoräne**, herausragend der Schwarze Berg, der Steinertsberg sowie die Kirchberge von Thekla, Portitz und Panitzsch.

Die Parthenniederterrasse als überschwemmungsarmes und dennoch wassernahes Gebiet war während der sorbischen Landnahme im 7./8. Jahrhundert ein bevorzugtes Siedlungsareal (Mockau, Thekladörfer, Portitz, Plaußig, Seegeritz, Panitzsch). Die landwirtschaftliche Erschließung dieses Raumes gehört der Ausbauphase der niederdeutschen Kolonisation im 12./13. Jahrhundert an (Schönefeld, Abtnaundorf, Borsdorf). Rodung und Bewirtschaftung verstärkten die Bodenerosion, was zu weiterer Einebnung, insbesondere der Endmoränenkuppen, und Ablagerung im Parthental führte.

Bis zur gründerzeitlichen Entwicklung Leipzigs war das Parthengebiet nur gering bebaut. Die **Parthendörfer** waren überwiegend Rittergutsdörfer und trugen den Charakter von Bauern- bzw. Landarbeitersiedlungen. Um die Jahrhundertwende wurden zahlreiche Kleingartensparten angelegt, vor allem in Talauenlage. Diese Erstbebauung brachte eine flächendeckende Materialaufschüttung (von 1-2 m), damit eine Geländeerhöhung und -verebnung. Der landwirtschaftliche Charakter des Parthengebietes zwischen Mockau und Borsdorf blieb im ganzen erhalten. Der Flußlauf aber wurde ab Taucha in den 30er Jahren begradigt, kanalisiert, zum Teil vollständig ingenieurtechnisch verbaut und das natürliche Grundwasserniveau so im gesamten Teileinzugsgebiet abgesenkt.

Die Grünlandbereiche entlang der Parthe stellen eines der größten **Auenwiesenpotentiale** im Leipziger Land dar. Im allgemeinen werden die wechselfeuchten Auenwiesen durch die Kohldistelwiese und die Silgenwiese repräsen-

Sumpfdotterblumen
Im Auwald bei Portitz

Hohler Lerchensporn

Traubenkirschen im Park Abtnaundorf

tiert. Auf den nördlicher gelegenen Parthenwiesen siedelt die Kohldistelwiese mit bemerkenswerten Vorkommen solch seltener Pflanzenarten wie Färberscharte, Weidenblättriger Alant, Wiesenknöterich, Echtes Mädesüß, Silau und Großer Wiesenknopf sowie an exponierter Stelle Herbstzeitlose und Breitblättriges Knabenkraut.

Der zweite Feuchtwiesentyp, die Silgenwiese, läßt sich nur in Sukzessionsstadien finden. Eine eindeutige Abgrenzung der Silgenwiese von Glatthaferwiesen fällt schwer, da es sich hierbei um eine stark konvergierende Entwicklung der Pflanzenbestände durch regelmäßige Düngung und maschinelle Mahd handelt. Der größte Teil der trockengefallenen Wiesen wird aber landwirtschaftlich intensiv als Grasland genutzt und entbehrt daher typischer Wiesenpflanzen.

Als Stromtalpflanze ist das Vorkommen von Langblättrigem Blauweiderich einmalig. Interessant sind auch die Trockenrasen der Endmoränenhügel, die als Flächennaturdenkmale (Steinertsberg) bzw. geschützte Biotope (Schwarzer Berg, Stiftsbaum) erhalten werden. Hier finden Grasnelke, Heidekraut und verschiedene Habichtskräuter ihre Verbreitung.

Naturnahe Waldgebiete kommen nur noch am Abtnaundorfer Park, bei Portitz und dem Staditzwald vor. Insbesondere der Staditzwald, der erst in letzter Zeit durch einen Naturlehrpfad erschlossen worden ist, besticht durch einen ausgezeichneten Frühjahrsaspekt von Lerchensporn, Schlüsselblume, Buschwindröschen, Lungenkraut, Goldstern u.a.m. Dazu kommen im Erlenbruchwald die Sumpfdotterblume, Sumpfschwertlilie und Wechselblättriges Milzkraut.

Der **Sukzessionswald** im Gelände der nach dem Krieg zerstörten Mitteldeutschen Motorenwerke stellt durch seine Unzugänglichkeit ein wertvolles Rückzugsgebiet für unsere Fauna dar. Auch Parkanlagen, wenn sie als Landschaftsparks wie in Abtnaundorf, Taucha und Borsdorf umgestaltet werden, und Kleingartenanlagen bieten ähnliche Voraussetzungen. Die übrigen Wälder sind relativ artenarme und mit nicht standortgerechten Gehölzen aufgebaute Forsten, die erst schrittweise umgebaut werden.

Mit der Veränderung der ursprünglichen Landschaft wurden die Lebensbedingungen für Insekten grundlegend eingeschränkt. Viele **Insektenarten** sind nachweislich verschwunden, doch noch weisen Teile des Parthengebietes ein breites Artenspektrum auf. So konnten in den letzten Jahren 25 Tagfalter- und über 100 Nachtfalterarten nachgewiesen werden. Für Libellen bieten sowohl das Naturbad Bagger als auch die verstreut liegenden Teiche Lebensmöglichkeiten. Auf Wiesen und Bruchflächen sind im Hochsommer Grashüpfer, gelegentlich sogar das Große Heupferd und der Warzenbeißer zu beobachten.

Der Lebensraum für **Amphibien und Reptilien** wurde bereits mit der Parthenregulierung stark beeinträchtigt. Weiterhin führte die hochgradige Verschmutzung der Parthe dazu, daß die Arten völlig aus diesen Gewässern verschwanden. So beschränkt sich ihr Vorkommen in der Aue auf Teiche, Tümpel, Gräben sowie anliegende Wald- und Wiesenflächen. Aus der Ordnung der Schwanzlurche sind die Teichmolche noch besonders zahlreich. Einer der bekanntesten Froschlurche ist die Erdkröte, die man an unterschiedlichen Plätzen, u.a. in Gärten, beobachten kann. Auch Teichfrösche und Grasfrösche werden in und an den Gewässern gefunden. Die Ringelnatter ist in der Parthenaue eine sehr seltene Reptilienart, die nur vereinzelt in Gewässernähe vorkommt. Trockenere Flächen und Geröllhaufen bevorzugt die Zauneidechse.

Zur Zeit brüten etwa 56 **Vogelarten** im gesamten Parthengebiet, in den 1930er Jahren waren es noch 82. Viele weitere Vogelarten lassen sich bei der Nahrungssuche, auf dem Durchzug oder auch im Winter beobachten. Neben 12 häufigen, im Gesamtgebiet lebenden Arten finden wir in den zum Teil hochstaudenfreien Wiesen mit kleinen Feuchtstellen am Parthenufer die Dorngrasmücke, den Sumpfrohrsänger, den Neuntöter ebenso wie das Teichhuhn und die Nachtigall. Artenreich sind die Reste naturnaher Auewälder mit Waldkauz, Schwarzspecht und Waldohreule besetzt. In der Aue bei Portitz und im Staditzwald horsten an Greifvögeln Rotmilan, Schwarzmilan und Mäusebussard. In der offenen Landschaft zwischen Plaußig und Borsdorf kommen die Feldlerche, der Jagd-

Schwalbenschwanz

Pfaffenhütchen in der Plaußiger Feldflur

Laichwanderung der Erdkröte

Enten am Parthenlauf

fasan und an offenlässigen Stellen das Rebhuhn vor. Wertvoll sind die noch vorhandenen dörflichen Strukturen der Parthendörfer, die den potentiell gefährdeten Rauch- und Mehlschwalben Nistmöglichkeiten bieten.

Den einzigen Sammelpunkt für **Wasservögel** zur Zugzeit und im Winter bildet das Naturbad Bagger. Hier, aber auch vorübergehend am Staditzteich, an den Tauchaer Schöppenteichen oder den Zweenfurther Lachen, finden sich zahlreiche Stockenten, Bleßhühner und Höckerschwäne. An und auf der Parthe überwintern vereinzelt Zwergtaucher, Teichhühner und Eisvögel. Erwähnenswert sind die Bemühungen, den Weißstorch im nördlichen Raum Tauchas anzusiedeln.

Die **Säugetierfauna** der Parthenaue ist artenreicher, als man zunächst vermuten sollte. Der Igel kommt im gesamten Gebiet noch regelmäßig vor. Das gleiche trifft für den Maulwurf und die Waldspitzmaus zu. Verschiedene Fledermausarten, u.a. das Braune Langohr, leben in den Parkanlagen. Auf den Wiesen- und Feldflächen sieht man Hasen, auch das Wildkaninchen ist überall häufig, wie auch Rotfuchs und Reh. Das Hermelin wird nur noch selten nachgewiesen, während die Bestandsentwicklung des Steinmarders durchweg positiv verläuft.

Der **Zweckverband Parthenaue** verfolgt in Zusammenarbeit mit den staatlichen und kommunalen Naturschutz- und Umweltämtern, auch mit im Gebiet der Parthe wirkenden Institutionen, wie dem Umweltforschungszentrum Leipzig-Halle, dem Naturschutzbund Deutschlands und dem Ökolöwen Leipzig die Renaturierung und Revitalisierung ausgewählter Bereiche der Parthenaue. Das geschieht durch Umnutzung ehemaliger Landwirtschaftsflächen und Forsten, durch Biotopgestaltung und durch Landschaftspflegemaßnahmen auf der Grundlage von Landschaftsplänen wie auch durch Einflußnahme auf die Flächennutzungspläne der Kommunen – immer mit dem Ziel, schonend mit dem Naturhaushalt umzugehen. Gleichzeitig achtet der Zweckverband auf den Erhalt der Kulturlandschaft mit ihren Dorf- und Bauensembles sowie auf eine naturverträgliche Erschließung des Parthengebietes für die Naherholung.

Von Schönefeld nach Thekla

Unser Parthenwanderweg beginnt am Südeingang des Mariannenparks, also nahe Stannebeinplatz und S-Bahnstation Leipzig-Ost. Das riesige Gleisgelände des Hauptbahnhofs und seines östlichen Abzweigs liegen gerade hinter uns, da öffnet sich dem Großstädter diese Grüntrasse nach Norden partheaufwärts. Eine Orientierungstafel des Zweckverbandes Parthenaue zeigt den gesamten Weg im Bereich der Mitgliedergemeinden Leipzig, Plaußig, Taucha, Panitzsch und Borsdorf. Bis Taucha sind es reichlich 10 km, die gesamte Strecke ist 23 km lang – für Wanderer wie Radfahrer genügend Auslauf, ideal auch für Spaziergänger und Ausflügler, die mit den städtischen Verkehrsbetrieben längere An- oder Rückfahrten gut bewältigen können.

Am **Stannebeinplatz** halten die Straßenbahnlinien 17, 22 und 27. Der Platzname geht auf einen Altschönefelder Prominenten zurück, auf den seit 1841 ortsansässigen Bäcker, Gastwirt und Windmüller Friedrich Wilhelm Stannebein. Namhaft wurde er als Amateur-Meteorologe, der dank langjähriger Naturbeobachtungen das „Leipziger Tageblatt" bis 1886 mit Wettervorhersagen zu beliefern vermochte. Vom Stannebeinplatz entfaltet sich eine Straßengabel zwischen Parthe und Kohlweg in die Ortslage von **Alt-Schönefeld** bei Schloß und Kirche. Um 1550 hat es dort 20 bäuerliche Grundbesitzer und 44 „Inwohner" gegeben. 1915 wurde der inzwischen großstädtische Vorort nach Leipzig eingemeindet, und Mitte der 70er Jahre kamen die Neubauten bis zur Torgauer Straße hinzu. Ersterwähnung hat das Gassendorf mit Großgut im Jahre 1270 gefunden; 1995 steht Schönefeld eine 725-Jahrfeier ins Haus. 1604 ließ der mit dem Dorf belehnte Leipziger Ratsmann Thümmel Rittergut und Schloß Schönefeld errichten, die bis ins 18. Jahrhundert in Familienbesitz blieben. 1738 ist dort Moritz August von Thümmel geboren worden, Autor des Zehnbänders „Reise in die mittäglichen Provinzen von Frankreich im Jahre 1785/86".

Informationstafel des Zweckverbandes Parthenaue

Im Mariannenpark

Predigtsaal der Schönefelder Kirche

Schloß Schönefeld

Auf dem Parthenwanderweg gelangen wir zu Schloß und Kirche Schönefeld durch den **Mariannenpark**. 1914 ist der Park begonnen worden; sein zweiter Abschnitt wurde 1924-26 nach Plänen des Hamburger Gartenarchitekten Migge als „Volkspark Schönefeld" angelegt. Man betritt den Park auf der mit Rosen bepflanzten Hauptachse, durchquert ein Baumrondell und gelangt an die große Parkwiese. Vom nördlichen Parkausgang führt ein Fahrweg an der Schönefelder Schwimmhalle vorbei in die Auenlandschaft der Parthe. Nach kurzem Anstieg kommt man auf eine Aufschüttung der Vorkriegszeit. Von dem Plateau aus schweift das Auge über die Parthe hinweg auf die alten Industriebauten der 1872 gegründeten Leipziger Wollkämmerei, vor allem aber bietet sich ein guter Blick auf Schönefelds Silhouette: mit dem Schloßturm sowie der Gedächtniskirche und dem ebenfalls betürmten, historischen Rathausbau des Leipziger Architekten Fritz Drechsler von 1904/05.

Schloß und Kirche wie auch das angrenzende Pfarrhaus sind jüngeren Datums, da Schönefeld nach der Völkerschlacht bei Leipzig 1813 größtenteils in Schutt und Asche gelegen hat. Nach den Erfolgen der Schlesischen Armee im Kampf um Möckern am 16. Oktober hatte Napoleon am Folgetag seine Truppen auf einen Halbkreis zusammengezogen, der von der Parthe bei Schönefeld über Holzhausen bis nach Connewitz an der Pleiße reichte. Am Vormittag des 18. Oktobers dann überschritt Blücher bei Mockau die Parthe, und Schönefeld fiel nun im Norden eine Schlüsselstellung zu. Vom frühen Nachmittag an stürmte das russische Korps des Generals Graf Langeron, unterstützt durch Geschützfeuer der von Kronprinz Bernadotte geführten Nordarmee der Verbündeten, mehrfach bis zum Abend die hiesigen Stellungen des französischen Korps Marmont, einer napoleonischen Eliteeinheit, die bei Möckern arg dezimiert worden war. Mit Kolben und Bajonetten wurde Haus um Haus erbittert umkämpft, schließlich mußten die Franzosen unter dem Befehl von Marschall Ney auf Reudnitz zurückweichen. Am Abend des weltgeschichtlichen Tages war Schönefeld eine einzige Brandstätte. Die **Apelsteine Nr. 29** am

Rotheplatz und **Nr. 30** an der Theklaer Straße/Heiterblick-
straße erinnern noch an die Schlacht. Mit ihrer breiten
Vorderseite sind die meterhohen Säulen, die der Leipziger
Schriftsteller Guido Theodor Apel auf eigene Kosten
1861/64 an 44 Stellen rings um Leipzig setzen ließ, je-
weils dem Kampffeld zugewandt. Mit abgerundetem
Kopf, Großbuchstaben N und ungerader Zahl bezeichnen
sie napoleonische Stellungen (Nr. 29), mit spitzem Ab-
schluß, Großbuchstaben V und gerader Zahl Standorte der
Verbündeten (Nr. 30).
1820 wurde eine neue **Schönefelder Kirche** geweiht.
Angesichts der barock gestalteten Turmhaube überrascht
der große klassizistische Predigtsaal mit zweigeschossigen, Altar- und Kanzelraum umlaufenden Emporen. In
dem seit 1916 Gedächtniskirche genannten Gotteshaus
sind im Jahre 1840 Clara Wieck und Robert Schumann
getraut worden. Im ehemaligen Friedhofsbereich um die
Kirche finden sich das stark verwitterte Sandstein-Grab-
mal des 1787 verstorbenen sächsischen Münzinspektors
Johann Ludwig Ploss und die pyramidale Gruft der Familie von Eberstein.
Die Gruft ließ die letzte Erbin des Geschlechts, Baronesse
Hedwig von Eberstein (Gutsherrin seit 1849), 1883 als
Begräbnisstätte ihrer Familie errichten. 1900 ist sie dort
beigesetzt und die Gruft vermauert worden. Sie war es,
durch deren letztwillige Verfügung Vermögen und **Schloß**
nach dem Namen ihrer Mutter als ,,Ebersteinsche Marian-
nenstiftung" fortan zur Versorgung unbemittelter Töchter
zur Verfügung standen. Die Stiftung ist 1949 der Stadt
Leipzig zugesprochen worden. Die älteren Wirtschaftsgebäude sind desolat, den Schloßhof betritt man durch einen
langgestreckten Torbau. In das erst 1871-76 neuerbaute,
jetzt frisch rekonstruierte Schloß hat eine Förderschule
für schwerstbehinderte Schüler Einzug gehalten.
Der Weg führt herab zum Parthenufer und nahe der alten
Wassermühle über die Vollbedingstraße hinweg. Es geht
östlich der Parthe an der Gartenanlage ,,Schöne Heimat"
vorbei, jenseits des Flüßchens liegt das Freibad Schönefeld und beginnen Wiesen mit Auencharakter. Hinter den
Feuchtwiesen taucht die denkmalgeschützte Mockauer

Alter Gasthof Abtnaundorf

Villa im „Millionendorf" aus der Zeit um 1900

Neurenaissance-Giebel vom Schloß Abtnaundorf

Pavillon im Abtnaundorfer Park

Weidenhofsiedlung auf, die Stadtbaurat Carl James Büh-
ring nach Ideen der Gartenstadt- und Heimatschutzbewe-
gung entworfen hat. Wer die zu sehenswerten Siedlungs-
gruppen gefügten Einfamilienhäuschen in zweigeschossi-
ger Backsteintechnik mit kleinen Gartenparzellen aufsu-
chen möchte, muß der Vollbedingstraße über die Parthe
hinweg und dann der Beuthstraße folgen. Sie verläuft
zwischen Sportstätten am Gontardweg und den Parthe-
wiesen bis zur Kieler Straße, wo man wieder Anschluß an
die weitere Thekla-Wanderung findet.
Doch zurück auf unseren Parthenwanderweg ausgangs
Schönefeld. Vor uns liegt der **Abtnaundorfer Park**, den
Christian Gottlob Frege d.J., Besitzer des gleichnamigen
Leipziger Bankhauses in der Katharinenstraße, um 1800
im englischen Stil anlegen ließ. Die Freges hatten ein
riesiges Handelsimperium aufgebaut, dem u. a. das ganze
mansfeldische Kupferaufkommen gehörte, das Landkäu-
fe im Umfange Kursachsens in Nordamerika tätigte und
Geldgeschäfte der Wettiner wie Goethes und Herders, der
Fürsten von Anhalt wie des Freiherrn vom Stein abwik-
kelte. Sie besaßen Gut und Park Abtnaundorf über vier
Generationen bis zum Tode des letzten Frege-Weltzien
1916, ließen noch 1891-93 einen Schloßneubau nach Plänen von Peter Dybwad im Stil der Neurenaissance aufführ-
ren. Im nachfolgenden Besitz der Firma Franz Schlobach

Zeichenerklärungen zu den Karten

▭ ··········	Parthenwanderung mit Markierung
▬ ▬ ▬ ▬	Weitere Wanderwege als Abstecher
◨	Orientierungstafel mit Karte
⌂	Hinweistafel zur Ortsgeschichte
∩	Reitsport
⌾	Gaststätte
▦	Wiesen, Gärten und Siedlungen
▨	Wald

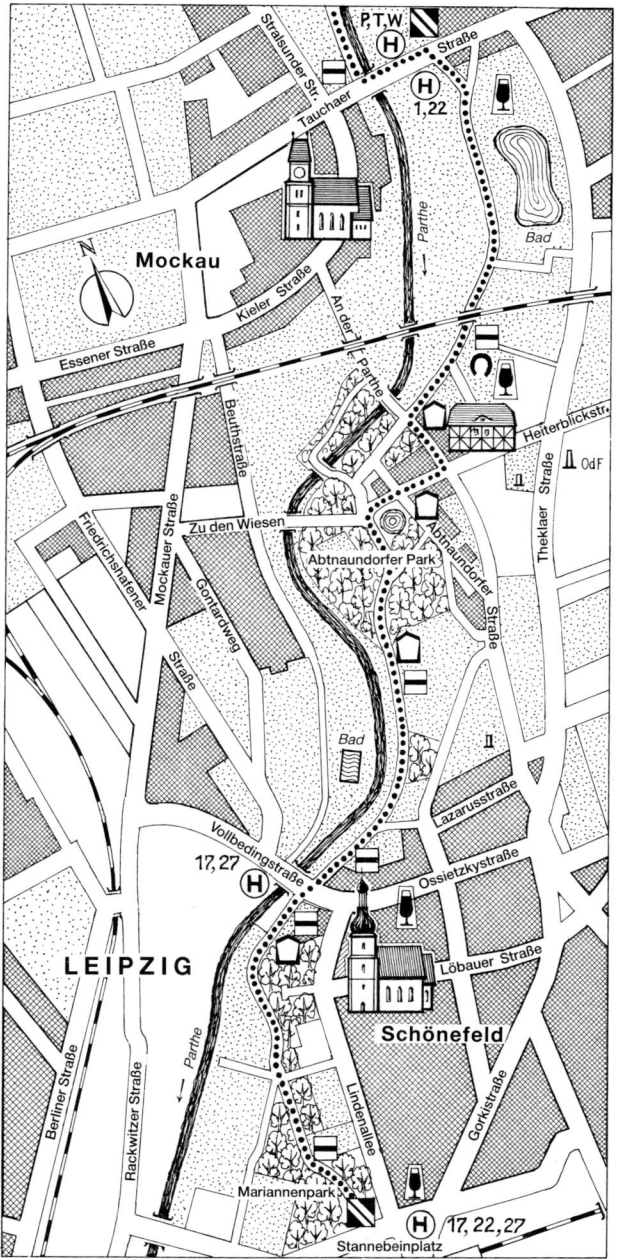

Blick zur Weidenhofsiedlung

Die Kastanienallee in Abtnaundorf

Mockauer Silhouette

Das Naturbad Nordost (Bagger) vor den Theklaer Neubauten

(Sägewerk Böhlitz-Ehrenberg) verlor der Park den alten Baumbestand. Schwarzpappeln wurden stattdessen aufgeforstet, und ins Schloß hielt nach Kriegsende episodisch eine Heimschule für Zweimonatekurse zur Neulehrerausbildung Einzug, später eine Kinderklinik.

Beim Verlassen des geschützten Landschaftsparks mit Teich und Pavillon fallen in **Abtnaundorf** an der gleichnamigen Straße prunkvolle Landhäuser ins Auge. 1895 hatte der Gemeinderat entsprechend verfügt, in dieser „Herrengasse" nur noch Villenbauten Platz zu geben. So entstanden hier Sommersitze betuchter Leipziger Bürger, was dem Ort bald nach 1900 den Beinamen Millionendorf eintrug. Demgegenüber erhielten sich nur wenige Reste des 1335 in stiftsmerseburgischem Besitz beurkundeten, von 1529 bis 1615 denen von Thümmel auf Schönefeld gehörenden Dorfes, so der rekonstruktionsbedürftige Fachwerkbau des Alten Gasthofes. 1930 ist der Ort nach Leipzig eingemeindet worden.

Vorbei am Gut Abtnaundorf und heutigen Pferdehof gelangt man zur vierreihigen Kastanienallee, einer Blickachse des Schlosses, die ehemals am Mausoleum, einem Erbbegräbnis der Familie Frege, endete. Von dort läuft der Weg (Kiebitzstraße) unter der Bahnlinie Leipzig-Eilenburg hindurch und strebt dem „Bagger" bzw. der Endstelle der Straßenbahnlinien 1 und 22 zu. Auch nach Mockau käme man leicht vom Rande des Abtnaundorfer Parks: Man müßte nur das Flüßchen überqueren und sich auf der Straße An der Parthe nordwärts halten.

Unweit des Abtnaundorfer Parks, jenseits der Theklaer Straße, liegt eine begrünte Erinnerungsstätte ans Ende des letzten Weltkriegs, als sich hier nahe den Erla-Rüstungswerken ein Außenlager des KZ Buchenwald mit 304 kranken Häftlingen befand. Ein hoher **Obelisk** gemahnt seit 1958 an das SS-Verbrechen vom 18. April 1945.

Unser Parthenwanderweg führt westlich am **Bagger** vorbei. Wohl in Erinnerung an den Kiesabbau hat der Volksmund dieses Kürzel für das beliebte „Naturbad Nordost" geprägt. In den 60er Jahren ist es aus einer stillgelegten Sandgrube entstanden, mit Freianlagen und einer Finnlandsauna – eine Oase für das angrenzende Neubaugebiet

Thekla vom Ende der 70er Jahre, aber auch ein hochsommerliches Badeziel vieler Leipziger Citybewohner. Ab Straßenbahnendstelle ist es nur ein Katzensprung. Von der letzten Bank unseres Wanderweges vor der Theklaer Endstelle der Straßenbahn hat man einen schönen Blick über die Parthe nach **Mockau**. Der Westturm der ursprünglich romanischen Chorturmkirche hebt sich heraus. Das Kirchenschiff ist 1787 durchgreifend umgebaut worden, 1896 baute Hoforgelbaumeister Gottfried Hildebrand auf der Westempore eine Orgel ein. Neben der Stephanuskirche wölbt sich der Einfahrtsbogen zum Gut und Gontardschen Herrenhaus. Das als Straßendorf um die heutige Kieler Straße (alte Dorfstraße, deren starke Krümmung sich aus dem Altlauf der Parthe erklärt) angelegte Mockau wurde 1286 erstmalig als Lehngut der bis ins 14. Jahrhundert hier ansässigen Herren de Moccouwe erwähnt. Das Rittergut kaufte 1698 Leipzigs Stadtrichter und späterer Bürgermeister Dr. Abraham Christoph Plaz. Nach häufigem Besitzerwechsel gelangte das Gut 1839 an die Kaufmanns- und Hugenottenfamilie Gontard, deren Erben es 1912 an die Stadt Leipzig verkauften.

Schon im Juli des Folgejahrs eröffnete die Stadt auf den ehemals Gontardschen Ländereien den Luftschiff- und Flughafen Mockau mit der damals weltgrößten, vier Jahre später eingestürzten Luftschiffhalle und dem Flughafenhotel samt Fliegerheim. Es war ein hochoffizieller Weiheakt – mit der Landung zweier Zeppeline in Anwesenheit des sächsischen Königs Friedrich August III. und des Grafen Ferdinand von Zeppelin. Wie Schönefeld wurde auch Mockau, dessen Einwohnerzahl sich seit 1871 auf über 10 000 versechsfacht hatte, 1915 nach Leipzig eingemeindet. Im Vorjahr hatte der Ort das stattliche Postgebäude im Stil der Neurenaissance erhalten. Der 1922 erbaute Flugplatz Mockau erlag bald der Konkurrenz des neueröffneten Schkeuditzer Flugplatzes, seit 1927 gab es von Mockau aus nur noch Inlandlinien (Empfangsgebäude von 1928). Derzeit entstehen auf dem ehemaligen Flugplatzgelände und auf Seehausener Flur bis hin zur Autobahn mehrere Großprojekte wie das Quelle-Großversandhaus, der Sachsenpark und Leipzigs neue Messe.

Durch die Thekladörfer nach Plaußig

Wer die seit 1931 bis nach Thekla geführte Straßenbahn-linie verläßt, läßt auch die Enge der Großstadt hinter sich. Eine Orientierungstafel des Zweckverbandes Parthenaue zeigt den Wanderweg sowohl citywärts nach Abtnaundorf als auch nordöstlich in den äußersten Zipfel des Stadtge-biets, nach Portitz, und weiter nach Plaußig. Auf dem Weg dorthin sind noch die Reste der für Leipziger Ausflügler einst so beliebten Parthendörfer zu finden.

Wir gehen zunächst in Richtung Mockau zur Parthen-brücke. Die granitene Dreibogenbrücke aus der 2. Hälfte des 19. Jahrhunderts ist in ihrer einstigen architektoni-schen Schönheit nicht mehr erkennbar; bis dahin gab es zwischen beiden Orten nur eine Furt durch die Parthe bzw. einen schmalen Steg. Von der Brücke schlängelt sich ein schmaler Wiesenweg am Westufer der Parthe mitten hin-ein in das Grün der Gräser und Bäume, wendet sich in sanftem Bogen nach Osten. Erlen, Weiden und Pappeln säumen die Ufer oder bilden kleine Gehölze. Wie die Finger einer großen Hand gliedern Traubenkirschenhek-ken die Wiesen auf und bieten mit ihren Wildkrautsäumen ideale Unterkünfte für zahlreiche Vögel, aber auch für Niederwild. Der schmale Wasserstreifen läßt kaum noch die Ausmaße früherer Hochwasser ahnen. Nur die Damm-höhe der Tauchaer Straße und der respektvolle Abstand des alten Dorfplatzes **Neutzsch** (1335 Nysch genannt, jetzt Neutzscher Straße) am jenseitigen Parthenufer wei-sen darauf hin. Das März-Hochwasser von 1994 hat unse-rer Vorstellungskraft allerdings wieder aufgeholfen. Die bis auf die Uferböschung gezäunte Mockauer Kleingar-tenanlage zwingt den Wanderer auf abschüssigem Pfade die nächste Wiese zu erreichen. Ein kleiner Steg über-brückt den Flugplatzgraben.

Dann geht es weiter durch Wiesen auf **Plösen** zu, dem nach Neutzsch zweiten Dorf der Theklagründung von 1889. Plösener und Porzcikstraße verraten noch Haupt- und Nebengasse der 1335 erstgenannten, ursprünglich

Der romanische Westturm der Kirche Hohen Thekla

slawischen Siedlung „Blesyn", dazu den ersten Mühlen-
gutsbesitzer und anteiligen Dorfherrn, den Ritter Johan-
nes Porzcik. Den anderen Dorfanteil hielten die Herren
von Plaußig, die sich ab dem Jahre 1506 Plösen mit der
Leipziger Ratsherren- und Kaufmannsfamilie Preußer
teilten, einem der ältesten Patriziergeschlechter der Stadt,
dem auch das halbe Dorf Mockau und Althen gehörte. In
Leipzig selbst besaßen die Preußers eine ganze Häuserrei-
he in dem noch heute nach ihnen benannten Gäßchen.
Gegen Ende des 17. Jahrhunderts aber waren sie so ver-
schuldet, daß ihre Güter versteigert wurden und Plösen
über den Leipziger Bürgermeister Abraham Christoph
Plaz, der auch das Mockauer Gut besaß, 1734 an den Rat
der Stadt Leipzig fiel.

Von Plösen aus gelangt man über den Abzweig An den
Pferdnerkabeln über die Parthe und die Tauchaer Straße
hinweg hügelan zur **Kirche Hohen Thekla**. Ein Besuch
dieses aus Feldsteinen gefügten romanischen Baues aus

dem 12. Jahrhundert ist unbedingt zu empfehlen. Die zum Dorf Cleuden gehörige Wehrkirche mit ihrem mächtigen Westturm und den bis zu 2 m dicken Mauern hat dem Ortszusammenschluß von 1889 ihren Namen gegeben. Für sie wiederum – bis weit ins 17. Jahrhundert hinein Kirche Hohentichel genannt – war ein im späten Mittelalter wüstgefallenes Dorf namengebend, das 1350 als „Teichla" beurkundet worden ist.

Nach dem Dreißigjährigen Krieg ist die von schwedischen Soldaten gebrandschatzte Kirche erneuert worden, wovon noch an der Südseite die mit 1660 datierte Tür mit ihren alten Beschlägen kündet. Hier ist noch Robert Blum 1840 zur Trauung mit seiner zweiten Frau Louise Eugenie Günther hindurchgegangen. Der ursprünglich eingangslose Westturm erhielt erst beim Umbau der Kirche von 1898 durch den Leipziger Architekten Julius Zeißig das große Rundbogenportal. Durch Brandstiftung im Jahre 1959 brannte das Gotteshaus leider bis auf die Grundmauern nieder, konnte erst nach drei Jahren wieder eingeweiht werden. Noch immer aber ist die über der Parthenaue inmitten des Friedhofes gelegene Theklaer Kirche ein malerischer, wenn auch durch Baumwuchs mehr und mehr versteckter Platz.

Unterhalb des gewiß seit slawischer Zeit als Kultstätte oder Burgwall genutzten Kirchbergs liegt der ehemalige Gasthof Thekla, eine 1831 aus einer Schmiede hervorgegangene Schankwirtschaft. Jenseits der Tauchaer Straße schwingt die Cleudener Straße bis zur Parthe. Von dort zurück auf die verkehrsstarke Trasse bezeichnet sie etwa das 1325 für das Thomaskloster beurkundete, 1543 dem Leipziger Rat zugefallene Gassendorf **Cleuden**. Seine neun Bauerngüter sind bis ins 19. Jahrhundert konstant geblieben. Einige Gehöfte mit ihren Geborgenheit ausstrahlenden Krüppelwalmdächern und ihren (leider verputzten) Fachwerkgiebeln haben sich erhalten, auch das Pfarrhaus von 1747.

Aus allen drei Dörfern ist, wie schon gesagt, im Jahre 1889 der Ort **Thekla** gebildet worden, der nach Eingemeindung 1930 und Straßenbahnanschluß 1931 einer der größten Leipziger Stadtteile wurde. Viele Siedlungen sind

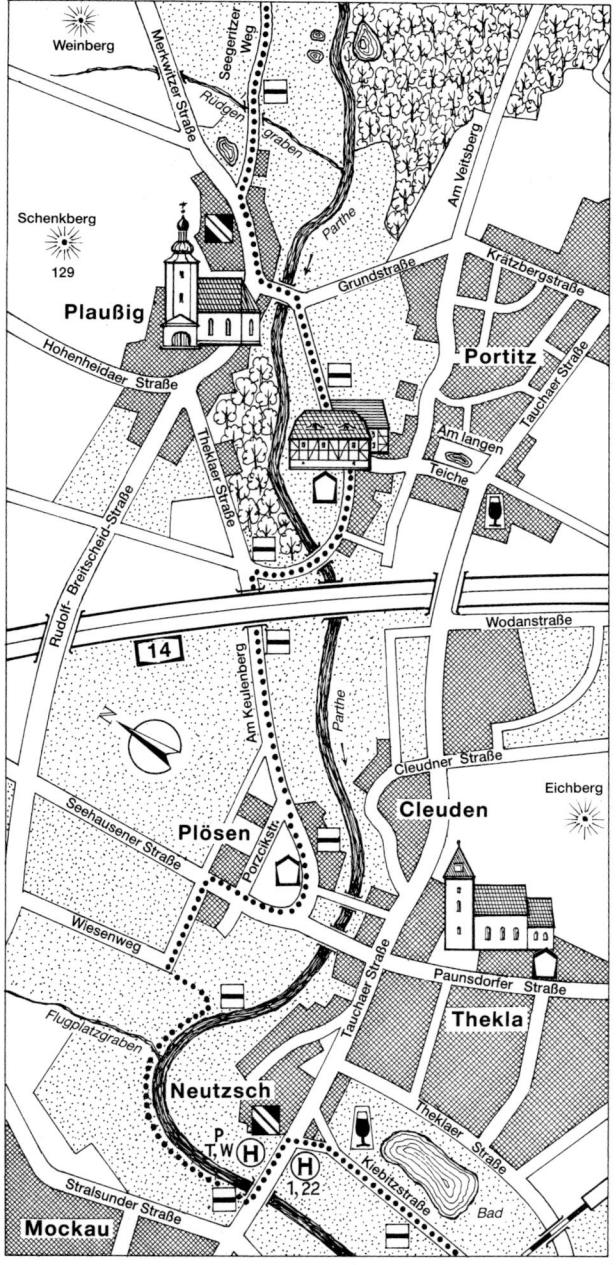

Findling am Langen Teich in Portitz

Gutshaus Plaußig

Barockkirche Plaußig

Blick zum Kanzelaltar

seit dem Ende der 20er Jahre zwischen der Otto-Kögel-Siedlung an der Paunsdorfer Straße und der Fortuna-Siedlung am Keulenberg hinzugekommen. Die Erla-Siedlung an der Autobahn entstand im Zusammenhang mit dem gleichnamigen Maschinenwerk Heiterblick, in dem von 1936 bis Kriegsende etwa 12 000 Kriegsflugzeuge hergestellt wurden. Zwei Drittel der dort sowie am Flugplatz Mockau (Werk II) und im schon erwähnten Abtnaundorf (Werk III) beschäftigten Arbeitskräfte (über 18 000 im Jahre 1944) waren Zwangsarbeiter, darunter Kriegsgefangene und KZ-Häftlinge. Kein Wunder, daß diese kriegswichtige Produktion am Stadtnordrand Leipzig Ende 1943 zu einem anglo-amerikanischen Bomberziel erster Ordnung werden ließ. - Schon einmal, im ersten Weltkrieg, hatte im Flurstück **Heiterblick**, im Südostzipfel der Gemarkung Neutzsch, nahe der Torgauer Straße, die Automobil- und Aviatik AG die Herstellung von Kriegsflugzeugen begonnen. Ein Jahrzehnt später, 1926, kaufte dann die Stadt Leipzig dieses Fabrikgelände und baute dort die Hauptwerkstätten der Straßenbahn auf.

Wir verlassen nun Thekla und folgen weiter unserem Wanderweg nördlich der Parthe in Richtung Plaußig. Vom alten Plösener Ortskern aus halten wir uns auf der Straße Am Keulenberg bis zur Autobahn. Sobald wir diese unterqueren, überschreiten wir das Leipziger Stadtgebiet. Aber nur ganz kurz, denn schon am Ortseingang Plaußig, wo das Wohngebiet „An der Fasanerie" entsteht, biegt der Portitzmühlweg nach **Portitz** ab, in eine der letzten nach Leipzig eingemeindeten Randsiedlungen. 1937 hat der Ort durch eine Omnibuslinie nach Thekla auch Anschluß an das städtische Verkehrsnetz gefunden. An den Resten der alten Portitzer Wassermühle über die Parthe hinweg, erreichen wir auf steil ansteigendem Fußweg das seit 1575 zusammen mit dem Gut Graßdorf dem Leipziger Rat gehörige Auenranddorf. Hoch und sicher liegt der einstige slawische Rundling auf einem Endmoränenhügel über der Parthenaue, wir stehen auf altem Siedlungsgebiet – das zu 974 in Thietmars Merseburger Bischofschronik genannte „Borintizi" ist auf Portitz bezogen worden. An die Stelle der mittelalterlichen Wallfahrtskirche trat 1865/67 ein architektonisch reizvoller Neubau im Stil der Neugotik. Leider mußte das achtseitige Turmobergeschoß 1969/70 einem Pyramidendach weichen.

Das Remmlersche Gut (Altes Dorf 7), im 15. Jahrhundert den Herren von Neutzsch gehörig, hat noch Fachwerk aufzuweisen. Sehenswert auch der eiszeitliche Granitfindling am Langen Teich in Portitz. Ein ganz neues Portitz ist als gemischte Wohnbebauung südlich der Tauchaer Straße auf bislang freiem Feld projektiert.

Bei der Portitzer Kirche fällt der Wanderweg wieder in die Parthenaue ab, auf dem Weg Am Birkenwäldchen geht es durch eine Wald-Wiesen-Felder-Aue in Richtung Plaußig. Hier blühen noch Sumpfdotterblumen und Schwertlilien, und in den Auenwaldresten hämmert der Specht. Auf dem Stellertsberg zur Rechten steht mitten im Grünen eine der schönsten Schulen des Leipziger Nordens. Zur Linken schimmern durch die Baumwipfel schon Plaußigs Türme: die des Rittergutes und der Kirche.

An der Parthenbrücke verlassen wir zum zweiten Mal unmerklich das Leipziger Stadtgebiet und wenden uns hinein nach **Plaußig**, wo sich dem Wanderer gute Einkehr- und auch Rückfahrtmöglichkeiten bieten (Gasthof Plaußig; Buslinie T nach Mockau-Post oder Taucha). Das Gassendorf hat 1275 im Zusammenhang mit dem Ritter Theodoricus de Pluzic, der offenbar mit der damaligen Wasserburg belehnt worden ist, erste Erwähnung gefunden; ein ovaler Turmhügel im Gutspark zeugt noch von der mittelalterlichen Wehranlage. 1656 ist das Plaußiger Rittergut in den Besitz der Leipziger Familie Sieber gelangt. Ratsbaumeister Johann Georg Sieber ließ in den Jahren 1726-42 das barocke Ensemble von Herrenhaus, Pfarre und Kirche neu erbauen. Vor dieser historischen Kulisse läuft alljährlich Anfang Oktober das Plaußiger Parthenfest ab. Das in kräftigem Bauernbarock gehaltene Gotteshaus ist spätgotischen Ursprungs und beherbergt die ältesten Glocken des Leipziger Landes von 1400 und 1439. Spätmittelalterlich ist auch der Bergfried des ansonsten nach 1900 veränderten Herrenhauses. Eine Wegenetztafel vor dem Gemeindeamt informiert über den Ort und seine nähere Umgebung.

Nach Taucha, mit Abstecher
in den Staditzwald

Der Parthenwanderweg verläßt Plaußig in östlicher Richtung vor dem idyllischen Dorfteich; nordöstlich zweigt die Straße nach **Merkwitz** ab, in ein 1266 ersterwähntes, heute mit zu Taucha gehöriges Dorf. Bevor man den Hasensteig genannten Wiesenweg nach Seegeritz betritt, wird der Rüdgengraben überquert. Von dessen Einmündung in die Parthe bis zur 2 km entfernten Quelle im Biesengrund läuft ein Renaturierungsprojekt, das durch einen 60 m breiten Grünstreifen einen Biotopverbund herstellt; der Erfolg dieser Renaturierung einer Feuchtwiese wird letztlich von der Anhebung des Grundwasserspiegels abhängen. Die Wiesen bis Seegeritz sind zur Rechten eingerahmt durch die Waldkulisse der Parthenaue, zur Linken durch sanfte Endmoränenhügel, die teils mit Wald, teils mit Windschutzhecken bewachsen sind.

Nach dem Überqueren des Hasengrabens steigt der Weg bald aus den Wiesen linkerhand hinauf nach **Seegeritz**, einem auch zu Taucha gehörigen, 1350 beurkundeten Gassendorf (mit 1551 genanntem Rittergut). Die kleine, turmlose Kirche auf dem steil abfallenden Sandberg, der schon eine mittelalterliche Wehranlage getragen hat, spielte während der Völkerschlacht bei Leipzig aufgrund ihrer exponierten Lage eine strategisch wichtige Rolle. In der Kirche übernachtete vom 17. zum 18. Oktober 1813, kurz vor seinem Tode, der Petersburger Generalleutnant Graf von Manteuffel. Sein Grabmal unter einem Säulenbaldachin findet sich auf dem Tauchaer Friedhof.

Am Seegeritzer Dorfteich vorbei, biegt unser Wanderweg über die Parthe hinweg nach Süden ab. Er verläuft durch die sogenannte Hölle, einen Restauewald, nach Graßdorf. Im Waldstück selbst haben die „Mandan"-Indianer in einer ehemaligen Kiesgrube ihr Domizil aufgeschlagen. Die Feldflur vom Waldrand bis zu den ersten Häusern birgt kaum noch sichtbare Zeugen einer unseligen Vergangenheit: Hier standen während des zweiten Weltkrieges

Kirche Seegeritz auf dem Sandberg

die Wohnbaracken der Fremdarbeiter, die in den Mitteldeutschen Motorenwerken zur Zwangsarbeit verurteilt
waren und zum Teil in den Tod getrieben worden sind.
Eine der Baracken ist als Denkmal in der Cradefelder
Dorfstraße (Nr. 10) erhalten geblieben.

Am Volksgut erreichen wir **Graßdorf**, das der Leipziger
Rat zusammen mit Portitz und Cradefeld 1575 erworben
hat. Hier baute die feudale Ratsherrschaft der Messestadt
ihren größten Wirtschaftsbetrieb auf. Doch nach finan-
ziellem Ruin geriet Leipzig 1627 unter Finanzkontrolle
kurfürstlicher Beauftragter, so David Dörings, dem 1629
die ratsherrlichen Rittergüter Graßdorf, Portitz, Taucha
und Cunnersdorf mit den zugehörigen Dörfern verpfändet
werden mußten. Erst 1652 bzw. 1718 gelangte Leipzig
wieder in diese Besitzrechte zurück. Das ehemalige Graßdorfer Ritter-, dann Stadtgut liegt über der Parthe. Nordöstlich davon ist in der Niederung eine mittelalterliche
Wasserburg 1955 archäologisch nachgewiesen worden.
Beim Übergang über die Parthe kann man im Giebel der
ehemaligen Gutsschäferei noch das Leipziger Stadtwap-

pen erkennen. Hier sind wir schon in **Cradefeld**, einem weiteren, wie Graßdorf erstmals 1350 beurkundeten, 1575 vom Leipziger Rat gekauften und 1934/37 nach Taucha eingemeindeten Parthendorf. Auch in Cradefeld hat es nördlich des Gutes auf dem östlichen Hochufer der Parthe eine heute kaum noch erkennbare, wohl mittelalterliche Wehranlage („Försterberg") gegeben.

Nach Cradefeld ist von Seegeritz her auch ein zweiter Wanderweg zu empfehlen, der um den Steinertsberg führt und einen nördlichen Abstecher in den **Staditzwald** erlaubt (vgl. dazu die 1993 erschienene Überblickskarte „Wandern in der Parthenaue"). Eine beiderseitige Wegmarkierung ist gegeben, an der Staumauer des Staditzteiches findet sich eine Wegenetztafel. Der Staditzwald ist ein Auwaldrelikt längs des in die Parthe mündenden Staditzgrabens (nach seinem Herkunftsort auch Pönitzer Bach genannt), solcherart ein Kleinod in der weitgehend ausgeräumten Kulturlandschaft des Leipziger Nordraumes. Mit 75 ha Waldfläche und den zum Teil bewaldeten Endmoränen (wie Steinertsberg, Wachberg, Rosineberg, Schwarzer Berg) stellt er einen wichtigen Biotopverbund zwischen Parthenaue und offener Feldlandschaft dar.

Der Name des Waldes läßt sich auf den Besitz der Stadt Leipzig, die 1575 das Graßdorfer Rittergut kaufte, zurückführen. Grenzsteine aus Porphyrtuff mit eingemeißeltem Leipziger Wappen und der Jahreszahl 1728, der Flurname „Fasanerie" für den östlichen Teil des Waldes und das Forsthaus in Cradefeld, das die Stadt Leipzig zur Waldbewirtschaftung errichtete, zeugen noch davon. Eine fischwirtschaftliche Nutzung war durch Anlage des Stauteiches in der tiefen Erosionsrinne vor der Einmündung des Pönitzer Baches in die Parthe möglich.

Geologisch stockt der Staditzwald auf feuchten Talauensedimenten und über die trockenen Erosionshänge auf nach Osten leicht ansteigenden Geschiebeböden glazialen Ursprungs. Hydrologisch leben die Bachaue und der Teich vom nur periodisch wasserführenden und stark eutrophierten Pönitzer Bach. Der Erlenbruchwald wird zusätzlich durch Hangdruckquellen im östlichen Bereich bewässert. Während die Talaue noch typischen Auwald-

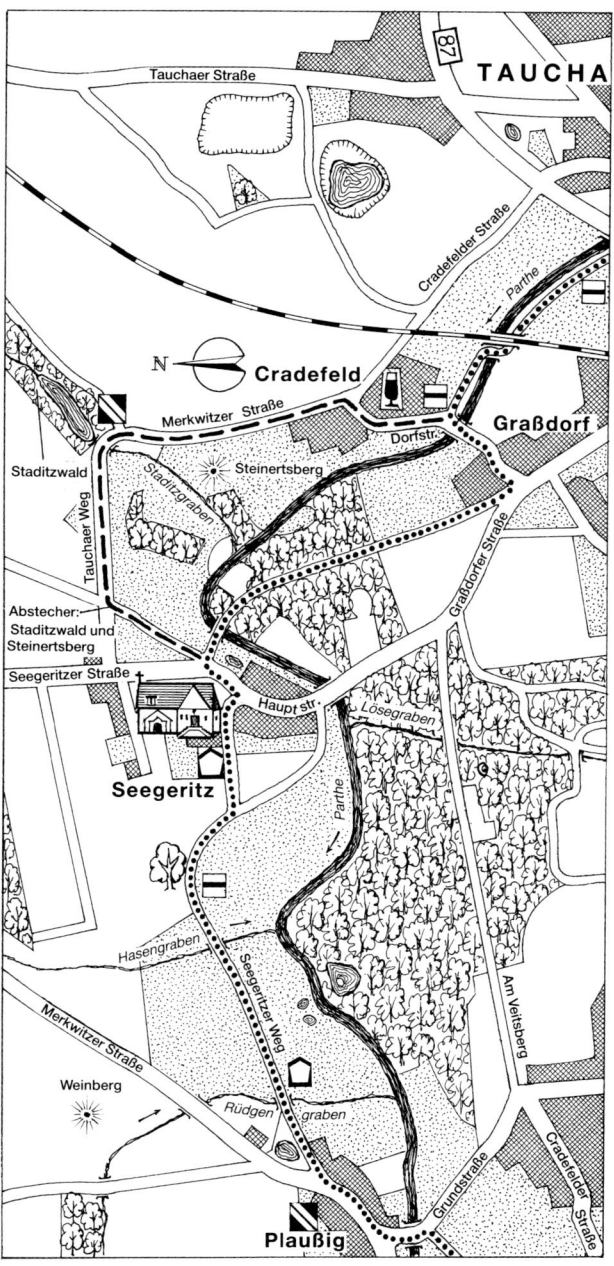

Leipzigs Stadtwappen an der Cradefelder Gutsschäferei

Der Staditzteich

Am Staditzgraben bei Pönitz

Flächennaturdenkmal Steinertsberg

charakter trägt, was auch durch alte Einzelbäume belegt wird, zeigt der restliche Wald, insbesondere die ehemalige Fasanerie, deutlich forstliche Nutzung mit nicht standortgerechten Holzarten.

Ein seit 1992 angelegter Naturlehrpfad führt über 2 km am Teich und an der Verlandungszone entlang, vorbei am Erlenbruch, durch die Bachaue, aus der er dann auf den Moränenrücken bis zum Feldrand durch alle Waldformen steigt. Der Rückweg verläuft am südöstlichen Waldrand mit guten Einblicken in die Erosionsrinne, aber auch über das von Greifvögeln beherrschte freie Feld. Am Weg sind zur Zeit 85 Schilder angebracht, die auf viele Gehölz- und Vogelarten, auf Frühblüher, Pilze, Säugetiere, Lurche u.a.m. hinweisen; dazu werden verschiedene Nisthilfen demonstriert. Im Waldgebiet des Lehrpfades konnten, nach Nordosten fortschreitend, elf verschiedene Lebensräume ermittelt werden: Teich, Hang, Verlandungszone, Hangrücken, Erlenbruch, Bachaue, Buchenhain, alter und junger Laubwald, Mischwald, Nadelwald. Wertvollste Biotope sind sicherlich die erstgenannten. Auf dem Teich wurden Stockentenbrutpaare, Bleßhühner, als Gäste auch Graureiher und Zwergtaucher beobachtet. Im Frühjahr bedeckt ein Blütenflor von Goldstern, Lerchensporn, Scharbockskraut, Himmelschlüsseln, Lungenkraut sowie Weißen und Gelben Buschwindröschen den Waldboden. Im Herbst dann kann man sich an der Farbenpracht von Rotbuchen, Eichen, Eschen und Ahorn erfreuen.

Vom Staditzteich führt unser Weg nach Cradefeld zum **Steinertsberg** (129 m). Der Endmoränenhügel ist ein Flächennaturdenkmal mit geschütztem Trockenrasen. Man blickt von hier auf die Moränenlandschaft und die alten Steinbrüche von Pyroxenquarzporphyr bei Taucha. Dann geht es hinein nach Cradefeld, und an der Parthenbrücke erreichen wir wieder den eigentlichen Parthenwanderweg. Bis zur Unterführung der Eisenbahnstrecke Leipzig-Eilenburg hält er sich östlich der Parthe, wechselt dann auf das westliche Ufer hinüber. Schon mit Blick auf die Türme von Taucha bewegen wir uns in Wiesen- und Gartenlandschaften auf die B 87 zu.

Im Tauchaer Parthenbogen

Wenn die nach Eilenburg führende Fernverkehrsstraße zusammen mit der Parthe unterquert ist, geht es über das Flüßchen weg und die Kirchstraße oder Grüne Gasse hinauf in die historische **Altstadt von Taucha**. Hier, in unmittelbarer Gewässernähe, auf dem Rand einer Hochterrasse der Parthe, haben nach aufgefundenen Keramikresten aus dem 8.-10. Jahrhundert Sorben gesiedelt. Der Burgberg dürfte schon Sitz einer sorbischen Supanie in der altslawischen Siedlungskammer am Parthenlauf gewesen sein, bevor sich auf dem herausgehobenen Platz ein deutscher Burgwardmittelpunkt einrichtete. Als ,,urbs Cothug" wird diese Burg Taucha in der Chronik von Merseburgs Bischof Thietmar zu 979 erstmals erwähnt, als sie in kaiserlicher Schenkung ans Bistum Merseburg kam; nochmals zwei Jahre später, als sie bei Auflösung dieses Bistums ans Erzbistum Magdeburg gelangte. Mit ihren dreiseitigen Steilböschungen in die Aue war die Spornburg natürlich gesichert, zur östlichen Hochfläche hin bot ein heute verflachter Abschnittsgraben Schutz. Nach den seit 1953 laufenden Grabungen des Stadtarchäologen Rolf Dunkel hat es in unmittelbarer Burgnähe, nördlich und östlich anschließend, die zur Versorgung solcher Anlagen gehörige Burgsiedlung (lat. suburbium) von Bauern und Handwerkern gegeben. Freigelegte Hausgrundrisse von grubenartig eingetieften Häusern, Töpferware, Eisenschlacken, Spinnwirtel u.a.m., insgesamt eine halbmeterstarke Kulturschicht, belegten dies.
Im Jahre 1004 heißt es in einer Taucha betreffenden Schenkung König Heinrichs II. ,,civitas Chut" in der ,,provincia Zcudici". Von einer ,,städtischen Ansiedlung" ist also schon die Rede, die damals trotz Wiederherstellung des Merseburger Bistums beim Magdeburger Erzbistum verblieb. Nur die Diözesangewalt über ,,Scudici, Cotuh, Bichini et Vurcin" erhielt Merseburgs Bischof Thietmar 1015 zurück. Die Herrschaft über den wichtigen Burgplatz behielt sich das Erzbistum Magdeburg vor.

Blick auf Taucha von der Eilenburger Landstraße

Torbogen zum Schloßhof Taucha

Stadtkirche St. Moritz

Über anderthalb Jahrhunderte später erscheint dessen wohl bedeutendster Erzbischof Wichmann dann offenbar als Tauchas Stadtgründer, befreite er doch in der Jüterboger Stadtrechtsurkunde von 1174 auch Tauchas Kaufleute (wie die von Magdeburg, Halle, Kalbe und Burg) von Zollzahlungen in Jüterbog, soweit sie geschäftlich dorthin kamen, ebenso umgekehrt. Und aus Urkunden der Jahre 1220/21 erfahren wir vom magdeburgischen Schloßbau auf dem **Burgberg** („castrum Tuch") und von einer Ummauerung der Stadt. Etwa gleichzeitig dürfte die Einbezirkung der wüsten Marken Krickau, Klebendorf und Graßdorf in die Stadtflur erfolgt sein. Das Erzbistum hatte sich mit Taucha einen festen Grenzposten gegen die Meißner Markgrafen und eine Marktkonkurrenz zu dem gerade mit Stadtrecht bewidmeten Leipzig geschaffen. Ein erzbischöflicher Vogt auf Tauchas Burgberg wurde 1268 genannt: „Arnoldus de Trebezin, advocatus in Tuch", auch das Patrozinium von Magdeburgs Schutzheiligem Mauritius für die Stadtkirche St. Moritz übernommen.

Doch nur zwei Menschenalter waren der neuen Befestigung auf dem Burgberg beschieden, wie Tauchas verdienstvoller Stadtchronist und späterer Bürgermeister Walter Uhlemann 1924 schrieb. Dann, um das Jahr 1283, wurde die Burg durch Dietrich von Landsberg zerstört, und 1355 mußte Erzbischof Otto von Magdeburg „Tuch un alles daz dar zu horit ... zu rechteme lehene" den meißnischen Markgrafen geben. Eine Jahrhunderte währende erzbischöflich-magdeburgische Herrschaft ging zu Ende, mit ihr auch Tauchas frühe Bedeutung.

Den Schlußstrich unter dieses mittelalterliche Kapitel zog der Leipziger Rat, als er 1569/70 das seit dem 15. Jahrhundert nachweisbare, altschriftsässige Rittergut Taucha von denen von Haugwitz erwarb. Damit wurde der alte Konkurrent Grund- und Gerichtsherr über das etwa 400 Einwohner zählende Ackerbürgerstädtchen, von dem noch die Toreinfahrten an den Bürgerhäusern künden. Im Hof des 1542 neu erbauten Schlosses nahm der Leipziger Rat den Untertaneneid der „Gemeine zu Taucha und der Dorfschaften" entgegen und unterstellte sie der Verwaltung seiner „Bauern- oder Landstube". Diese neue Institution war 1556 mit in den Rohbau des Leipziger Alten Rathauses eingezogen, als eine eigene Verwaltungsinstanz für den städtischen Landbesitz. Dort nahmen sogenannte Landherren als gewählte Vertreter des Rates, unterstützt durch einen „Bauernschreiber" und „Landknecht" für Botengänge in die Dörfer und zu den Rittergütern, Aufsichtspflichten der Wirtschafts- und Finanzverwaltung, der Gerichtsherrschaft und Polizeigewalt wahr.

Wer heute Tauchas Schloßberg besucht, der trifft auf einen Torbogen und das ehemalige Gutsverwalterhaus. Im weiten Schloßhof erwarten ihn nur Stallanlagen und Wirtschaftsgebäude anstelle des baufällig gewordenen, 1819 abgetragenen dreistöckigen Schlosses. Gleichwohl läßt sich der einst geschichtsmächtige Platz hoch über dem Parthenbogen noch gut ausmachen.

Am malerischen Zillewinkel und am Rathaus vorbei (1911/13 als Amtsgerichtsgebäude erbaut) gelangen wir auf der Schloßstraße zum **Kirchplatz**, damit an den Rand der von Magdeburgs Erzbischof Wichmann um 1170 angelegten Marktsiedlung Taucha. Die nordwärts weisende Kirchstraße, auf der wir von unserem Parthenwanderweg in die Altstadt aufstiegen, und die nach Süden abfallende Brauhausstraße begrenzten die Stadtgründung im Parthenbogen. Östlich davon wuchs in einer zweiten Ausbauphase um 1350 die Neustadt zwischen Spittelberg und Plösitzer Straße, bis hin zur Wallstraße und zum Käthe-Kollwitz-Weg. Damit hatte Alt-Taucha seinen noch heute in jedem Plan ablesbaren ringförmigen Stadtkern ausgebildet. Die Entfernung vom Leipziger Tor zum Eilenburger Tor und Dewitzer Tor betrug etwa 1 km.

Jenseits des ehemaligen östlichen Mauerzuges erstreckt sich bis zum Weg Am Dingstuhl Tauchas Friedhof (mit dem erwähnten Manteuffel-Grabmal), bis zur Geschwister-Scholl-Straße das gleichnamige, jüngst rekonstruierte Gymnasium. Weiter östlich an der Dewitzer Straße ist die alte Bockwindmühle erwähnenswert, auch wenn die Rekonstruktion des desolaten Baues noch aussteht; 1960 ist dort das letzte Korn gemahlen worden.

Die im 12. Jahrhundert errichtete Stadtkirche St. Moritz beherrscht mit ihrem hohen Westturm den kleinen Kirchplatz. Der romanische Saalbau mit eingezogenem Chor und Apsis ging leider beim Stadtbrand von 1768 verloren. 1772/74 entstand der heutige Bau mit dem Predigtsaal und den umlaufenden zweigeschossigen Emporen. Bei der Innenerneuerung 1911 schuf der Leipziger Architekt Julius Zeißig den Jugendstilaltar.

Ein Stück die Eilenburger Straße hinein konnte man noch vor einem Jahrzehnt vor einem der ältesten Häuser der Stadt stehen. Es handelte sich um die 1621 betriebene Pachtmünzstätte bzw. das in deren Nachfolge 1710 eingerichtete Gasthaus „Zur Münze". Die vom Kurfürsten verfügte Münzstätte, selbst eine Kipperwerkstatt, überlebte das Jahr nicht. In dem ausgebrochenen Dreißigjährigen Krieg tauchten Münzverschlechterer, sogenannte Kipper und Wipper, die Münzränder beschnitten bzw. durch falsches Wägen des Münzfeinsilbers ihren „Schnitt" machten, allerwärts auf und zerrütteten das Münzwesen. Das Haus in der Eilenburger Straße 21 mit dem schönen Sitznischenportal aus Rochlitzer Porphyrtuff unter der Inschrift „Münze" ist 1985 abgebrochen worden. Noch sehenswert ist in der von der Eilenburger Straße zur Kirchstraße abzweigenden Rudolf-Winkelmann-Straße das barocke Winkelmann-Haus. Dort trifft man auch auf den sogenannten **Parthenbrunnen**, ein ehemaliges Wasserspiel, das im Jahr 1914 vom Landesverein Sächsischer Heimatschutz gestiftet worden ist.

Das älteste erhaltene Gebäude der Stadt finden wir eingangs der Brauhausstraße. Um den Markt herum und hier in der gleichnamigen Straße saßen die mit Braurechten privilegierten Bürger. Im Alten Brauhaus, das durchgreifend rekonstruiert worden ist, wird das 1928 gegründete **Tauchaer Heimatmuseum** wieder Einblicke in die Stadtgeschichte vermitteln, dazu ein Tagescafé und größerer Veranstaltungsraum Gastlichkeit bieten. Ein in seiner Geschlossenheit für Nordwestsachsen einzigartiges frühgeschichtliches Bild dürfte sich aus dem in den letzten Jahrzehnten im Stadtgebiet gewonnenen archäologischen Fundmaterial ableiten. Erst in jüngster Zeit war das angrenzende Baugelände, wo der Gasthof „Zum goldenen Löwen" stand und die „Wohn- und Geschäftsbebauung

Winkelmann-Haus und sogenannter Parthenbrunnen

Heimatmuseum und archäologische Grabungsfläche 1993

Stadtmitte Taucha" projektiert ist, trächtige Grabungsfläche mit Siedlungsspuren seit dem 12. Jahrhundert.

Vom Brauhaus fällt der Blick die frühere Marktgasse entlang auf die Eckbebauung des Tauchaer **Marktes**, einst Standort des Rathauses. Seit der letzten Jahrhundertwende erhebt sich dort ein eindrucksvoller Jugendstilbau, der allgemein nach seinem Architekten Alfred Seidemann benannt wird. Das ,,Seidemann-Haus" hat plastisch-floralen Stuckdekor und eine gediegene Innenausstattung. Der Markt selbst ist rechteckig gestaltet, jüngst wieder mit Natursteinen gepflastert; hier schlug der Wirtschaftspuls der Stadt. Für das Jahr 1719 wurden in Taucha 9 Ackerbürger, 22 Mittelbürger, 162 Kleinbürger und 59 Hausgenossen registriert. Dabei hatte die Kleinstadt, wohl aufgrund ihrer Nähe zu Leipzig, einen hohen Handwerkerbesatz, immerhin 150 in 34 Berufen; 18 Posamentierer, 15 Schuhmacher, 15 Fleischer, 9 Schleifer, 9 Besenbinder, 2 Goldschmiede, 2 Pfeifenmacher, 1 Buchbinder werden u. a. genannt.

Drei Jahrmärkte gab es in der Stadt seit alters, darunter mit dem ,,Tauchschen" Herbstmarkt einen im 19. Jahrhundert ganz berühmten. Er lag auf dem Montag nach Mariä Geburt (8. September) und wurde laut Schumanns ,,Staats-, Post- und Zeitungslexikon von Sachsen" aus dem Jahre 1824 zunehmend *,,um des Vergnügens willen von den gemeineren Personen Leipzigs"* viel besucht. Mit Mummenschanz und Indianerspiel verspottete man – wohl in dunkler Erinnerung an die einstige Marktkonkurrenz – die kleine Nachbarstadt, und Handgreiflichkeiten blieben nicht aus. Der ,,Tauchsche" ist volksfestartig auch im Leipziger Osten, namentlich auf der Dresdner Straße, mit Lärmmusik und Laternenumzügen von groß und klein gefeiert worden.

Am 31. Oktober 1874 durchfuhr die Leipziger Postkutsche die damals 3000 Einwohner zählende Stadt ein letztes Mal via Eilenburg, der Folgetag sah die feierliche Eröffnung der Eisenbahnstrecke Leipzig-Taucha-Eilenburg. Ein halbes Jahrhundert später dann, am 15. Juli 1927, nahm die Leipziger Straßenbahn ihren Linienverkehr nach Taucha auf, zunächst die Linie 23, heute die

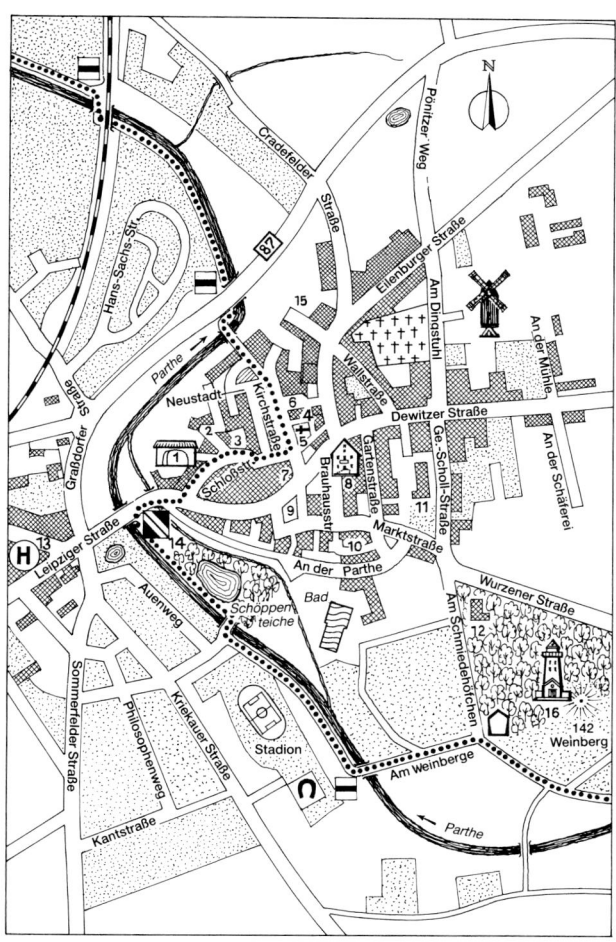

1 Schloßberg
2 Heinrich-Zille-Winkel
3 Rathaus
4 Kirchplatz
5 Stadtkirche St. Moritz
6 R.-Winkelmann-Straße
7 Seidemann-Haus
8 Heimatmuseum
9 Markt
10 Plösitzer Straße
11 Gymnasium
12 Pflegeheim
13 Endstelle Straßenbahn
14 Parkgaststätte
15 Spittelberg, alte Stadtmauer
16 Aussichtsturm

Linie 13. Inzwischen belief sich die Einwohnerzahl der Stadt auf rund 7000, nach den Eingemeindungen von 1934/37 und den sich ansiedelnden Rüstungswerken sollten es gar 16 000 werden.

Wie Bahnhof und Straßenbahnendstelle liegt dieses neuere Taucha westlich unseres Parthenbogens, hauptsächlich um die Leipziger Straße, mit vielen Siedlungshäusern auch entlang der Kriekauer, Sommerfelder, Klebendorfer und Portitzer Straße. Seit der Wende zeichnet sich für Taucha eine sprunghafte Entwicklung zu einem Siedlungsschwerpunkt im Großraum Leipzig ab, mit neuen Wohnstandorten wie „Bogumils Garten" samt Hotel nahe der B 87, dem Parthe-Centrum auf der ehemaligen Festwiese an der August-Bebel-Straße, ferner Wohngebieten im Winkel von Klebendorfer und Sommerfelder Straße,

Bockwindmühle an der Dewitzer Straße

Aussichtsturm auf dem Weinberg im Stadtpark

am Graßdorfer Wäldchen und im Dreieck zwischen Portitzer, Graßdorfer und Matthias-Erzberger-Straße. Dort, jenseits der Eisenbahnlinie, wo die GAGFAH Ende der 30er Jahre rund 200 Mietwohnungen errichtete, wird jetzt eine Tochtergesellschaft weiterbauen. Im übrigen wird Taucha nicht als reine „Schlafstadt", vielmehr mit neuen Wirtschaftsansiedlungen wie der Firma NOWEDA und hochmodernisierten alten Standorten (AZ Ziegelei) gedacht, und vorhandene dörfliche Strukturen in den Ortsteilen sollen samt trennender Grünzüge zur Stadt hin erhalten bleiben.

Soviel an Gesamtüberblick zum Heute der fraglos wichtigsten Kommune in der Parthenaue ausgangs Leipzig. Tauchas elementare Entwicklungsbedürfnisse sind ebenso zu berücksichtigen wie pfleglich in den Landschafts- und Schutzraum der Parthe einzugliedern. Mit diesem unverzichtbaren Wissen bewegen wir uns wieder parthewärts. An der Parkgaststätte, deren Umgestaltung mit Hotelneubau projektiert ist, halten wir in den landschaftlich reizvollen Park hinein. 1929 ist zwischen den zwei Flußarmen die **Schöppenteichanlage** geschaffen worden. Vorbei am Großen Schöppenteich überqueren wir die Parthe, um den Weg auf dem westlichen Damm südwärts zu verfolgen. In den Wiesen zur Rechten grasen Pferde des Reiterhofes an der Kriekauer Straße, zur Linken versteckt sich hinter Bäumen das Taucher Freibad. Das Flüßchen wird wieder überquert, und wir gelangen auf dem Weg Am Weinberg zum **Stadtpark**, in den sich Krankenhaus und Pflegeheim gut einfügen. Der 1895 angelegte Park mit dem noch nicht wieder begehbaren Aussichtsturm auf dem 142 m hohen Weinberg bietet eine Fülle schöner Aussichten.

Unterhalb des Weinberges verläuft der Parthenwanderweg an einer Gartenanlage vorbei durch offene Wiesen bis zur Wurzener Straße, wo wir **Plösitz** erreichen, ein kleines, 1378 beurkundetes Bauerndorf. Es gehört noch zum Taucher Stadtgebiet ($35{,}7\ \text{km}^2$), ebenso wie die weiter nördlich bzw. östlich der Parthe gelegenen Orte Döbitz, Dewitz und Sehlis, durch die wir auf unserer nächsten Wanderung kommen werden.

Nach Panitzsch, mit Abstecher zum Winneberg und Schwarzen Berg

Beginnen wir mit einem Abstecher vom eigentlichen Parthenwanderweg, indem wir uns vor Plösitz westlich der Parthe auf den **Winneberg** zubewegen. Die 143 m hohe Bergkuppe mit Birkenpflanzungen hat eine slawenzeitliche Wallanlage getragen. Die Wallzüge des ,,Gewinneberges" sind noch erkennbar, östlich sicherte der Steilhang zur Parthe die wehrhafte Anlage. Die Sage vom Gewinneberg – jüngst wieder in den ,,Elstermären" verarbeitet – erzählt, daß hier ein Schatz des glücklichen Finders harrt.

Das nordöstlich vom Winneberg gelegene **Döbitz**, auch Kleindewitz genannt, ein mittelalterlicher Sattelhof, ist 1212 als Herrensitz beurkundet worden. Zum Rittergut mit barockem Herrenhaus gehörten die kleinen, verwinkelt angesiedelten Bedienstetenhäuschen. Östlich schließt sich An den Höfen das Bauerndorf **Dewitz** mit großen, in der Parthenaue liegenden Dreiseithöfen und einer spätromanischen, von einer Findlingsmauer umgebenen Dorfkirche an. Am imposanten Steinbruch nördlich der Taucha-Dewitzer Straße dehnen sich weithin Kleingärten, eine Öko-Siedlung soll dort entstehen.

Aus Dewitz halten wir uns ostwärts hinaus auf der Püchauer Straße, dem sogenannten Höhenweg, der allmählich ansteigend in das 250 000 Jahre alte Endmoränengebiet der Saaleeiszeit hineinführt. Markante Hügel wie der **Schwarze Berg**, mit 177 m der höchste in der Endmoränenhügelkette zwischen Leipzig und Eilenburg, der Fuchsberg (160 m), und der Wachberg (156 m) bieten schöne Ansichten und weite Ausblicke. Von den Höhen kann man das Leipziger Land betrachten wie auf einer Landkarte: südöstlich der Tresenwald, die Wasserscheide zwischen Mulde und Parthe, im Süden Beuchas Wehrkirche, westwärts der Panitzscher Kirchberg, das Völkerschlachtdenkmal und Leipzigs Türme, im Norden wieder Endmoränenhügel. Am Schwarzen Berg ist der Leipzig-

Wallzüge auf dem Winneberg

Steinbruch Dewitz

Findlingsmauer und Turmfront der Dewitzer Kirche

Endmoräne ,,Stiftsbaum" bei Sehlis

Tauchaer Fliegerclub e.V. zuhause, schon 1928 wurden hier die ersten Segelflugversuche durchgeführt.

Nicht nur geologisch ist das Gebiet interessant, auch floristisch birgt es Kostbarkeiten. So stocken auf den Sandkuppen der Endmoränenhügel Trockenrasenpflanzen, der Rosineberg und der Schwarze Berg sind geschützte Biotope. Und in den Quellwiesen der Talgründe finden sich noch Orchideen – allesamt streng geschützt!

Nach diesem Ausflug in die nördliche Endmoränenlandschaft kehren wir an den Parthenlauf nach Plösitz und auf den eigentlichen Parthenwanderweg zurück. Er führt uns auf der Bergstraße aus dem Ort, dann links durch Felder abwärts zu den Parthenwiesen. Der Weg ist noch nicht ausgebaut, aber er ist sehr reizvoll. Eigentlich geht man nur durch Wiesen, kann über die Aue die sanften Höhenzüge der Endmoränenhügel erkennen und hat schon bald das Ziel der Wanderung, den markanten Kirchberg von Panitzsch (144 m), vor Augen. Eine Brücke nach **Sehlis** (1445 urkundlich, Platzdorf) sucht man vergeblich, doch ist im weiteren Ausbau des Wegenetzes eine solche geplant. Der Kirchturm des im Kern romanischen Feldsteinbaues grüßt herüber. Die berühmte Sehliser Windhose zum Eisheiligen (Pankratius) des Jahres 1912 hatte sein Dach wie das des Kirchenschiffs abgedeckt und viele Sehliser Gehöfte zerstört.

Aus der Wiesenaue soll der Weg einmal hinauf zum Panitzscher Kirchberg führen. Zur Zeit geht es ein Stück übers Feld dicht am Parthenufer lang, weiter auf einem rechts abbiegenden Feldweg, schließlich um eine alte Stallanlage herum nochmals übers Feld. Dann aber ist die geschichtsträchtigste Stelle des Ortes, der 12 m aus der Aue aufragende Kirchberg, erreicht. **Panitzsch** ist in einer stiftsmerseburgischen Besitzteilungsurkunde für die Brüder von Friedeburg vom 14.2.1267 erstmals erwähnt worden. Die wohl aus dem Mansfeldischen kommenden Edelherren von Friedeburg sind eines der ganz wenigen Herrengeschlechter der Kolonisationszeit, die im Osten Leipzigs namhaft wurden. Hoyer der Jüngere erhielt außer linkssaalischem Besitz die ,,villa Bansc" mit den ,,Zube-

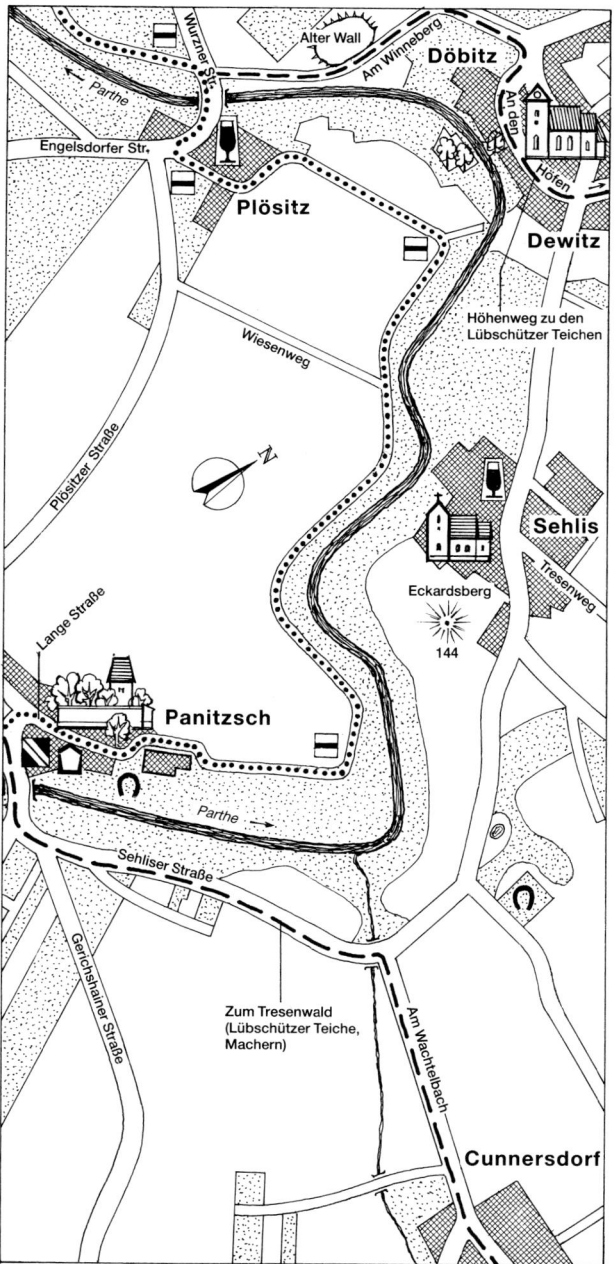

An der Parthe bei Sehlis

hörungen", womit wahrscheinlich einige Dörfer gemeint sind, die „zwischen Leipzig und Naunhof" liegen. Doch schon 1269 verkaufte Hoyer der Jüngere diesen rechtssaalischen Besitz an den merseburgischen Bischof. Dieser sah sich im Folgejahr hier harten Übergriffen des Markgrafen Dietrich von Landsberg ausgesetzt, vermochte aber die für die Ostgrenze seines Bistums offenbar wichtigen Dörfer in Vergleichen mit Markgraf Dietrich 1270 und 1272 behaupten.

Bei jüngsten Grabungen im Innern der romanischen Kirche aus der Zeit um 1200/20 konnte das Holzschwellenfundament einer Vorgängerkirche von 1150/70 freigelegt werden. Darunter wiederum fanden sich Bodenverfärbun-

Friedhofstor und Wehrkirche Panitzsch

Blick zum barocken Kanzelaltar

gen, die auf den Holzpfostenbau einer kleinen Missions-
kirche um 1080 hinwiesen, den derzeit ältesten bekannten
Kirchenbau in unserem Raum. Die beiden Glocken der
Kirche sind mittelalterlich; die figürlichen Ritzzeichnun-
gen auf der größeren von beiden aus dem Jahre 1459
werden dem Leipziger Künstler Nicolaus Eisenberg zuge-
schrieben. Von der mittelalterlichen Wehranlage zeugen
noch eindrucksvoll der massive romanische Westturm mit
tonnengewölbter Halle und die der Böschungskante auf-
sitzende, die Bergkuppe kreisförmig umlaufende Lehm-
mauer des Friedhofes mit Doppeltor. Das gestreckte
Kirchenschiff stammt vom barocken Umbau (1705), die
jüngst restaurierte Flemming-Orgel von 1785. Damals,
von 1697 bis zu seinem Tode 1729, war hier Johann Jakob
Vogel Pfarrer, einer der ersten sächsischen Geschichts-
schreiber, u. a. Verfasser der „Annales Lipsiae".
Der slawische Ansatz von Panitzsch dürfte in der östlichen Ortslage an der Kirchgasse zu suchen sein. Durch
deutsche Ansiedlung im Bereich der Langen Straße und
Zuzug aus wüstgefallenen Dörfern (Ausbau um die Teichstraße) formte sich die Auenrandsiedlung an der Parthe
zum dreiflügligen Zeilendorf, wie es noch die Flurkarte
von 1840 zeigt. 1438 ist Panitzsch mit seinen Einkünften
vom Landesherrn der Leipziger Universität zugewiesen
worden. Ein Jahrhundert später, 1534, haben die Herren
von Brandis den Ort gekauft und ihrem Cunnersdorfer
Rittergut angegliedert, jedoch nur wenige Jahrzehnte
halten können: 1607 gelangte das stark verschuldete Gut
zusammen mit Panitzsch an den Leipziger Rat.
Hoffnungslos verfallen ist der alte Freihof und Fuhr-
mannsgasthof „Blauer Engel", nur das große Relief an
der Außenmauer wird einmal noch (als Museumsstück)
an das Gehöft erinnern. Ähnlich halten ein Gedenkstein
vor der Schule wie eine Straße und ihr Wohnhaus am
Ortsrand die Erinnerung an die hier seit 1929 praktizie-
rende Ärztin Margarete Blank fest, die dem antifaschisti-
schen Kreis um den Leipziger Maler Alfred Frank, später
der Bewegung „Freies Deutschland" angehörte. Sie wurde Mitte Juli 1944 verhaftet und am 8. Februar 1945 in
Dresden hingerichtet.

Nach Borsdorf / Zweenfurth, mit Abstecher Tresenwald (Lübschützer Teiche - Machern)

Panitzsch ist ein Pferdedorf. Neben dem Pferdehof des Gutes Engelsdorf besteht noch ein sehr aktiver Reitsport-verein, der alljährlich große Reitsportveranstaltungen in Richtung Cunnersdorf durchführt. Dorthin bewegen wir uns auf dem **Tresenweg**, der von der Panitzscher Parthen-brücke als Sehliser Straße entlang den Parthenwiesen führt, wo die Pferde des Reiterhofes weiden. Wir sind auf einem weiteren Abstecher von der eigentlichen Parthen-route. Dieser Weg wird auch als Kremsertour angeboten. Das im späten Mittelalter wüstgefallene und erst durch die Herren von Brandis 1516 als Rittergut wieder aufgebaute **Cunnersdorf** ist schon 1921 nach Panitzsch eingemein-det worden. Das Rittergut mit dem barocken Herrenhaus von 1737 wurde fortan zu Lehrzwecken von der Leipziger Universität und für landwirtschaftliche Freilandversuche genutzt.

Wir halten uns im Ort an der abbiegenden Hauptstraße geradeaus, vorbei am Gut und einem kleinen Stausee. Über den folgenden Feldweg gelangen wir auf die Höhe am findlingsreichen Eingang des **Tresenwaldes**, von wo aus wieder das gesamte Leipziger Panorama ins Blickfeld gerät. Die etwa 5 km^2 große Waldung mit ihren recht-winkligen Schneisen liegt auf Gerichshainer und Püchau-er Flur. Seit ihrer einstigen Grenzlage zwischen Sachsen und Preußen ist sie noch immer ein ganz ruhiges, wildrei-ches Fleckchen Erde. Einen idealen Vogelbrutplatz bietet der Tresenteich im nordöstlichen Zipfel des Waldes am Ende der Lübschützer Teichkette.

Der Waldweg verläuft an einer Schutzhütte vorbei bis zur Plagwitzer Straße, die als „Holzstraße" den Wald durch-schneidet. Nordöstlich gelangt man bis kurz vor Plagwitz, wo ein Weg gleich wieder nach Süden über die Höhe hin führt. Sie gibt den Blick auf die vor uns liegenden **Lübschützer Teiche** frei, auch weithin in die Muldenaue. Die Püchauer Schloßherrschaft hat im 18. Jahrhundert die

Lübschützer Teichlandschaft

Schloß Machern

Parthenaue bei Borsdorf

Parthenbrücke der alten Leipziger Straße

Kette von Mühl- und Fischteichen bis nach Lübschütz hinein anlegen lassen. Es ist ein treppenartiger Stau des von der Wasserscheide des Tresenwaldes in die Muldenaue abfließenden Seebaches. Und die Teiche, namentlich der Sahlweiden- und Galgenteich, haben seit den 20er Jahren unseres Jahrhunderts viel Zulauf aus Leipzig gefunden. Zelt- und Wochenendkolonien breiteten sich aus, und Naherholer wie Camper sind noch heute hier zuhause, nutzen die Bade- und Rudergelegenheiten ebenso wie die Waldwege hinüber nach Machern.

Alternativ zu dieser Wanderung an die Lübschützer Teiche bietet sich aus dem Tresenwald auch ein direkter Weg nach Machern an. Noch im Wald zweigt er von der ,,Holzstraße" östlich ab und führt durch Felder zu Kirche und **Schloß Machern**. Die hier seit 1430 sitzenden Herren von Lindenau (1764 in den Reichsgrafenstand erhoben) ließen anstelle der alten Wasserburg ein Renaissanceschloß aufführen, dieses dann im 18. Jahrhundert zur barocken Dreiflügelanlage um- und ausbauen. Die neugotischen Fresken in der Ritterstube sind aus dieser Zeit, auch der berühmte Landschaftspark am Schloß. Nach Wörlitzer Vorbild vor Ende des 18. Jahrhunderts angelegt, ist der Park die bedeutendste Anlage aus der Zeit der Empfindsamkeit in Sachsen – fast zu jeder Jahreszeit ein attraktives Ausflugsziel.

Wer den eigentlichen Parthenwanderweg nicht zu solchen Exkursen verlassen will, der bleibt in Panitzsch auf dem westlichen Ufer der Parthe. Über die Teichstraße hinweg zweigt gleich von der Sommerfelder Straße der Wiesenweg ab, dem man an Pferdekoppeln entlang immer weiter südlich durch Wiesen und ein Restgehölz, vorbei an der noch auf Panitzscher Flur befindlichen Kläranlage des Abwasserzweckverbandes Parthe, bis zur Bundesstraße 6 folgen kann. Nach deren vorsichtigem Überschreiten – unweit der neuen Stahlbetonbrücke über die Parthe – gelangen wir auf die alte Leipziger Straße, die uns nach **Borsdorf** und an die S-Bahn bringt.

An der schönen dreibogigen Parthenbrücke aus der Mitte des 18. Jahrhunderts liegt die älteste Siedlungsstelle von

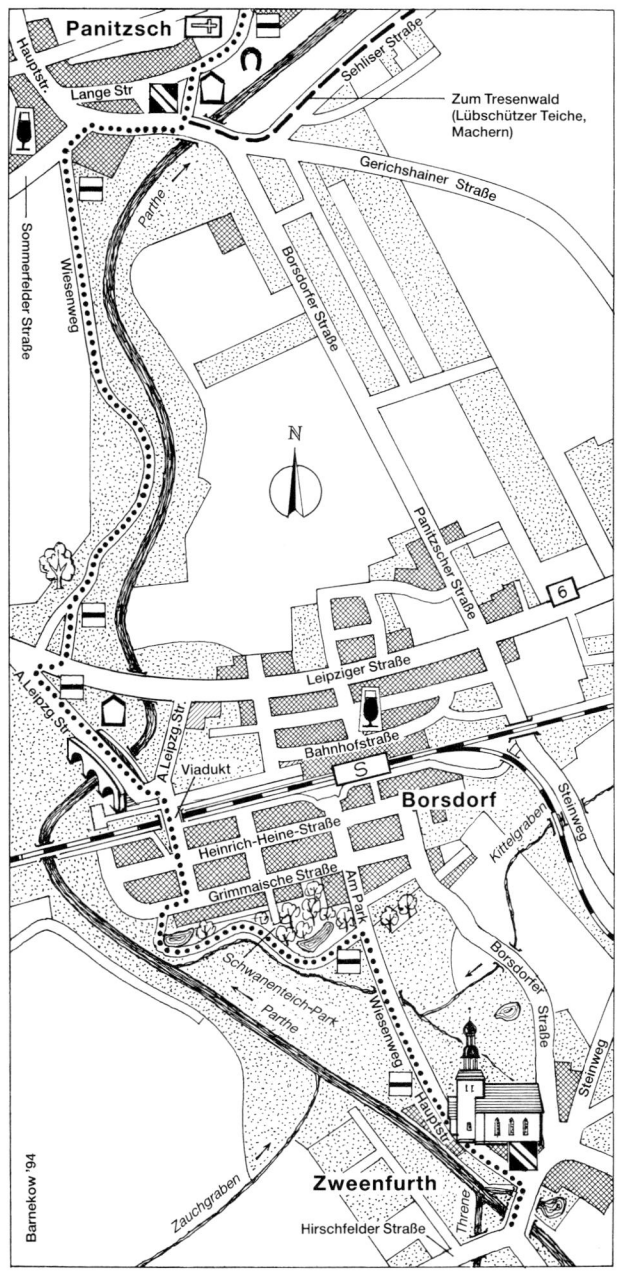

Panitzsch

Hauptstr.

Lange Str

Sehliser Straße

Zum Tresenwald
(Lübschützer Teiche,
Machern)

Gerichshainer Straße

Sommerfelder Straße

Wiesenweg

Parthe

Borsdorfer Straße

N

Panitzscher Straße

6

A. Leipzg. Str

A. Leipzg. Str.

Viadukt

Leipziger Straße

Bahnhofstraße

S

Borsdorf

Steinweg

Kittelgraben

Heinrich-Heine-Straße

Grimmaische Straße

Am Park

Schwanenteich-Park

Wiesenweg

Parthe

Borsdorfer Straße

Steinweg

Hauptstr.

Threne

Zauchgraben

Zweenfurth

Hirschfelder Straße

Barnekow '94

Leipziger Landhausvorort Borsdorf

Im Schwanenteichpark

Dorfkirche Zweenfurth

Borsdorf, das, wie im Falle Panitzsch, in einer Besitzteilungsurkunde der Brüder von Friedeburg ersterwähnt wird. Die Urkunde ist geringfügig jünger und datiert vom 26.7.1267. In dem neben der Parthenbrücke stehenden Gebäude wohnten während der Zeit des Bismarckschen Sozialistengesetzes die aus Leipzig ausgewiesenen sozialdemokratischen Führer August Bebel (bis 1884) und Wilhelm Liebknecht, letzterer bis zu seiner Übersiedlung nach Berlin 1890.

Der sackgassenartige Weiler bestand jahrhundertelang nur aus wenigen Gehöften, einer Schmiede, einem Geleitshaus für die Brückenzolleinnahme und einem Gasthof. Nach den Eisenbahnanschlüssen an die Wurzener (1838) und an die Grimmaer Strecke (1866) ist Borsdorf als bald großstädtischer Landhausvorort mit imposantem Rathausbau von ehedem 126 Einwohnern im Jahre 1871 innerhalb zweier Jahrzehnte auf 1000, bis 1925 auf etwa 3000 Einwohner angewachsen. Den Villencharakter des Ortes kann man entlang der Eisenbahnlinie bzw. über den Viadukt hinweg um die Heinrich-Heine-Straße (mit dem stattlichen Schulbau von 1905-11; Nr. 40 mit Gedenktafel für den bis zu seinem Tode 1969 hier wohnhaften Komponisten Ottmar Gerster) und um die Grimmaische Straße wie am **Schwanenteichpark** noch eindrucksvoll erleben. Der Park am alten Parthenarm ist eine schöne Landschaftspartie mit wechselnder Wasser-, Wiesen- und Waldkulisse. Hier „An den Riedwiesen" wie auch an der Gemarkungsgrenze zu Panitzsch entstehen neue Wohngebiete, die wieder an Borsdorfs guten Ruf als bevorzugte Leipziger Wohngegend anknüpfen.

Auf dem Rad-Fußweg Am Park und Wiesenweg geht es bis **Zweenfurth** durch ausgedehnte Wiesen, die von Gräben durchzogen werden und noch naturnahe Stellen aufweisen. Die Zweenfurther Lachen sind als Brutstätten von Wassergeflügel ein geschützter Biotop. Das Dorf an den „Zwei Furthen" durch die Parthe erreichen wir an der Kirche, einem im Kern vorreformatorischen, jüngst erst restaurierten Bau (Schiff von 1844). Erste Erwähnung hat Zweenfurth im Jahre 1264 gefunden; seit 1972 ist es Ortsteil von Borsdorf.

Wie das parthenaufwärts folgende Wolfshain wurde Zweenfurth nach Säkularisierung des Klostergutes im Jahre 1544 durch Schenkung des Landesherrn Moritz von Sachsen eines der fünf neuen Leipziger Universitätsdörfer (mit Kleinpösna, Holzhausen und Zuckelhausen). Drei Jahrhunderte lang ist das Dorf in dieser, für seine Bauernwirtschaften nur mit geringen Feudallasten verbundenen Abhängigkeit verblieben. Noch heute weist der Ort eine Reihe schöner Bauerngehöfte auf.

Hier in Zweenfurth, wo die Threne in die Parthe einfließt, endet unser Wanderweg, stehen wir am südlichsten Ende des Zweckverbandsgebietes Parthenaue. Das Flüßchen hat bis hierher schon über die Hälfte seines Laufes zurückgelegt und ein Dutzend Dörfer, dazu das Städtchen Naunhof, durchflossen.

Im Sax-Verlag Beucha

ist 1993 die Karte **Wandern in der Parthenaue** (herausgegeben vom Zweckverband Parthenaue, Taucha) erschienen.

Weitere Wanderkarten:
Wandern im Wurzener Land
Der Muldentalkreis

Als Wanderführer zu Städten und Landschaften West- und Mittelsachsens liegen in der Reihe **Sax-Führer** vor:
Stadtführer Leipzig
Grimma und Muldental
Parthendörfer - Steinbrüche - Autobahnseen
Wandern im Wurzener Land
Colditz
Mutzschen - Wermsdorf

Geschichtliche Erinnerungen an die Leipziger Region und das Muldenland bietet die Buchreihe **Sax-Album**:
Muldenländisches
Rittergüter & Schlösser im Leipziger Land
Kloster Nimbschen und Katharina von Bora

Im Buchhandel oder vom Verlag zu beziehen unter der Anschrift:
Sax-Verlag Beucha
Waldweg 3
04824 Beucha
Tel.: 0161/3328528